The Live Horses 006
山眠る 白き草原 踏みしめて
写真＝高草 操
Location＝岩手県遠野市

馬探訪 NEO 012
File.176 クーリンガー

UMA LIFE 馬ライフ
2024 1 Contents

【巻頭特別レポート】

心心相融,@未来

马术
mǎ shù
マー・シュー
014

Asia to the World!
アジアから世界へ羽ばたけ！

アジア競技大会（2022・杭州）

马术三项赛【イヴェンティング】 016
马术盛装舞步【ドレッサージュ】 020
马术场地障碍【ジャンピング】 023

短期集中連載！
Dressage 032
グランプリホースへの道（全3回）
３ドレッサージュホースの
調教と、向き合い方
Column ドレッサージュの名馬たち 036

ジャッジが語る「馬」「ライダー」「ショーイング」
Judge's eyes 前編 040
AQHA Specialized Judge トレーシー・ハタケヤマさん

競技会レポート

第44回 キャロットステークス 042

第75回国民体育大会（特別国民体育大会 馬術競技会）
「燃ゆる感動かごしま国体」044
Feature & Close-up
延期の３年間がもたらした上村ファミリーの変化 050

REPORT

再開！ JRA馬事公苑
1「JRA馬　　　　　　　　　　　覧会 052
2 おかえ　　　　　　　　　　　イベント 056

UMAMIMI情報局

第一回八ヶ岳笠懸競技会報告 060

御猟野乃杜 賀茂神社「馬上武芸奉納まつり」062

再び馬の助けとなるべく蘇った
日本伝統の馬ワラジ 064

ついに実現！ 馬の入院設備を併設する
民間乗馬クラブ イデア馬事苑 066

連載

エッセイ 馬耳東風 馬ライフ版　第28回 026
ジェリコー・マゼッパ伝説　西村修一

馬と人との安全を科学する!? SAFETY FIRST＋ 第16回 028
走られてから止まるまで② 菊澤大助

「馬（キミ）の名は？」馬名雑学のススメ 030
vol.27　ドゥレッツァ　さくら^∀^くん

連載マンガ 与那国馬のココちゃん#16 031
ココちゃんが寝転ぶまでの長い道のり その7 吉田 望

初級インストラクターのための指南書「教えて！○○さん！」Vol.21 069
「体重扶助」について（後編）エキスパート 伴 美恵子さん

PIAFFERでお会いしましょう Vol.20 070
大阪に常設店オープン予定（2024年3月）乗馬普及のための取り組みが加速！

森 裕悟のそんな感じでどうでしょう LESSON 25 072
JUMPING（障害飛越競技）とは

輝け！ みんなのホースセラピー 第27回 076
全日本パラ馬術大会に出場した二人　塚本めぐみ

田中雅文の「馬を語ろう」第26回 078
スノーイーリバーから来た男　田中雅文

※「宮田朋典の乗馬よわよわさんのためのサプリ」は、今号休載いたします。

UMA LIFE CLUB 080　　UMA LIFE CROSSWORD PUZZLE 082
CLUB GUIDE クラブガイド 084　　Recruitment 馬のお仕事・リクルート 089
UMA LIFE Collection 090　　UMA LIFE Information 092　　読者プレゼント 094

馬に関するモノやコトを一同に集めた日本最大級の馬の祭典！

豪華賞品が当たる！チャリティ福引

乗馬用品や馬具の販売、展示 アート販売 情報発信

第6回 ホースメッセ

HORSE MESSE

TOKYO 2024

2/10 SAT 2/11 SUN 2/12 MON

10:00～19:00
場所：JRA 馬事公苑
雨天決行

入場料無料
各種有料チケット
好評発売中！

2/10(土) 17:30～18:30
持田裕之氏＆桜流鏑馬チーム氏
Hiroyuki Mochida Horsemanship
持田裕之氏＆桜流鏑馬チームによる弓矢演舞

HORSE SHOW

トップライダーによる講習会や、可愛く賢い馬によるホースショー

HORSE TEAM Gocoo

2/10(土) 13:45～14:45
Team Gocoo
騎馬武者の戦い ～ゴクゥ冬の陣～

WORKSHOP

作って楽しもうワークショップ！
人気馬作家による参加型ライブペインティング
馬モチーフのフラワーアレンジメント

JAPAN EQUESTRIAN

2/11(日) 12:00～13:00
林伸伍氏
トップライダーによる乗馬上達のためのtips
～馬場馬術 林伸伍選手編～

様々な講座で「知る」「語る」「学ぶ」
馬についての講座
馬を使った実演
シンポジウム
トークショー

2/11(日) 15:45～17:15
川嶋舟氏氏
Well-beingからOne Healthへ
ホースセラピーの今とこれから

2/10(土) 12:00～13:00
宮田朋典氏
馬のしつけできていますか？
～初級者から上級者までレベルに応じた問題解決のための糸口～

2/11(日) 10:15～11:45
後藤哲也氏
眠っている乗馬筋を目覚めさせるリトレーニング
～乗馬筋にスイッチを入れる～

おやすみなさい

公式LINEスタンプ只今制作中！

お疲れ様です

FOOD TRUCK

乗馬している人、競馬好きの人から、馬に興味がある人、
これから馬を知りたい人まで楽しめるイベントです。
講習会やトークショー、ワークショップを始め
馬グッズやアートの販売から、馬文化や馬に関する情報発信、
毎日開催されるホースショーや馬に関するグルメなど、
馬に関することが盛りだくさんの3日間！

ホースメッセ最新情報は公式サイトでCHECK！
HP X Instagram

アクセス

至成城学園前　小田急線　至新宿
千歳船橋　経堂　桜丘通り
世田谷通り　東京農業大学
環八通り　西用賀通り　用賀中町通り　教育センター通り
砧公園通り　JRA馬事公苑
桜新町　東急田園都市線
二子玉川　用賀　至渋谷

〒158-0098 東京都世田谷区上用賀2-1-1
東急田園都市線「桜新町駅」西口徒歩15分
小田急小田原線「経堂駅」南口徒歩20分
バスご利用は、「農大前」下車徒歩3分

名　称／第6回 ホースメッセ TOKYO 2024
テーマ／馬を身近に感じる（馬と人との新しい形を探る～日本の馬事文化への新たなアプローチ～）
開催日時／2024年2月10日(土)～12日(月・祝) 10:00～19:00（変更の可能性あり）　開催場所／JRA 馬事公苑
主　催／ホースメッセ実行委員会　運営／株式会社エクイマーケット 〒194-0013 東京都町田市原町田 2-20-10　TEL 042-728-6861
協賛／株式会社シーダーバレー 杉谷乗馬クラブ・ソメスサドル株式会社・つま恋乗馬倶楽部・東京都競馬株式会社・株式会社ライトスポーツ・ルウム（五十音順 2023年11月現在）
後援／JRA 日本中央競馬会・公益社団法人全国乗馬倶楽部振興協会・一般社団法人日本障がい者乗馬協会
協力／株式会社 Cygames・HV EQUESTRIAN

お問い合わせ　info@horsemesse.jp

馬探訪NEO

UMA LIFE CLUB

クーリンガー
012
©ホーストラスト北海道

とん平
080~083
©ポニーズクラブ

森裕悟のそんな
感じでどうでしょう

CRN ヴィクトル
072
©比嘉雄飛

輝け！ みんなの
ホースセラピー

アルファ
077
©コルザホースクラブ

©吉田 望
与那国馬のココちゃん
ココちゃん 031

UMA LIFE 馬ライフ

2024 1 馬INDEX

アジア競技大会（2022・杭州）　©c3.photography

デュークオブサセックス
015~017

クレジットクランチ
015~018

ヴィックデュジゾールJRA
015~018

ペニーグランツ
015~018

レスペラード
015,020

ブリタニア7
015,021

ベラートレ
015,022

スタッカティザPS
015,023

ゴールドウィン
015,024

コーティスドゥニーズZ
015,024

クインシー
015,025

PICK UP!

今号のピックアップホース！

ヴァレグロ

写真＝©イギリス乗馬倶楽部

ドレッサージュホースとしてイギリスのシャーロット・デュジャルダン選手とコンビを組み数々のメダルに輝き、記録を塗り替えてきた不世出の名馬ヴァレグロは、2024年で22歳になる。2016年に14歳で引退し、現在はイギリスの牧場で余生を送っている。同年暮れに行われた引退式の模様はBBCでライヴ中継されるほどの人気を誇った。後年には写真集も発売され、日本でも翻訳され出版された。父ネグロ(Negro)、母メイフルール(Maifleur)のダッチウォームブラッドのセン馬で、毛色はダークベイ。記事では、「ドレッサージュの名馬」としてトティラス、ボンファイアとともに、稀代の名ドレッサージュホースの姿を紹介しているので、ぜひご覧あれ。

グランプリ
ホースへの道
038

アリー
032
©Denise van der plas

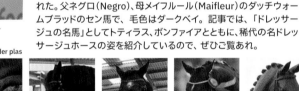

オビワン
033
©Denise van der plas

ユリウス
034,035
©小林美沙希

ネルソン
035
©小林美沙希

トティラス
036,037
©c3.photography

ゲスティオン・ボンファイア
038
©FaceMePLS

再開！ JRA馬事公苑　©斉藤いつみ

スパーキー
051,057

エイムハイ
056,057

ウラカン10
058

スコラリ4
058

カッサイW
058

第44回キャロットステークス　©c3.photography

アユツリオヤジ
042,043

BBトルネード
043

デスティニー
043

エルベート
043

珠之助
043

第75回 国民体育大会「燃ゆる感動かごしま国体」　©c3.photography

サー・ギャラント
045

クレオパトラ
045,046

パーシー
046,047

アンテベルム
046

プロスパー
046

エリオットVI
046,047

ディナスティ
046

デミーロ
047

トレフィンガースタンレイ
048

ファンタスティコ
048

ルーニー
048

ハーベスト
048

キャンベラZ
049

ニック・オブ・タイム
049

PHOTO & ART シリーズ
The Live Horses
馬たちの生き生きとした姿を追って

山眠る 白き草原
踏みしめて

写真＝高草 操（Takakusa Misao）　Location＝岩手県遠野市

青草が消え
北風が吹く
厳しき時が
生きる力を
揺り起こす
山は眠れど
我らは立つ

The Live Horses

白い季節が
野生の心を
かき立てる
生きること
楽しむこと
山は眠れど
我らは走る

預託馬の管理は

２千名を超える卒業生が馬業界で活躍する馬の学校「アニベジ」の私達にお任せください！

乗馬を中心に、ヤギ・羊・ウサギ・草花・野菜・自然環境との調和（ハーモニー）を体験しながら学べる

ジョッキー目指すなら **小・中学生科**
好評につき募集枠拡大！！

── 無料オープンキャンパス毎日開催中 ──

馬の学校「アニベジ」
2024年度生 **募集中**

動物・植物を学びながら馬術も学べる「ホースセラピーコース」新設！

馬の学校 アニベジ
アニマル・ベジテイション・カレッジ

〒289-1622 千葉県山武群芝山町宝馬21-5　お問い合わせ　TEL:0479-74-3717

File.176
クーリンガー
Koolinger

文＝さくら^∀^くん
写真提供＝ホーストラスト北海道
　　　　　にいかっぷホロシリ乗馬クラブ

通算成績と主な戦績／ 61戦10勝、2着13回、3着5回

1着＝サラブレッドCh（GⅢ金沢）、佐賀記念（GⅢ04）、名古屋大賞典（GⅢ04,05）、マーチS（GⅢ05）、マーキュリーC（GⅢ06）
2着＝平安S（GⅢ03,04）、佐賀記念（GⅢ03,05,07,08）、マーキュリーC（GⅢ04,05,07）、東京大賞典（GⅠ06）、ダイオライト記念（GⅡ）
3着＝ダービーグランプリ（GⅠ）、マーチS（GⅢ03）、東京大賞典（GⅠ04）

競走馬、種牡馬、乗用馬
すべてこなしてきた、働き者

◉クーリンガーの Then & Now

　今回は、『乗馬ライフ』2014年第1号に登場してもらった**クーリンガー**がちょうど10年ぶりに再登場、元気な姿をご報告したい。

　2013年12月当時は、北海道新冠町にある「にいかっぷホロシリ乗馬クラブ」に在籍していた。種牡馬をやめて同クラブに乗用馬となるためやってきたばかり。

　「まだ環境に慣れさせているところなので、何もかもこれからです。2014年にはお客様を乗せてトレッキングに行けるようになるといいな、と考えています。真っ白で可愛い顔をしているので、競走馬としての活躍を知らないお客様にも人気となりそうです」

　これは、当時同クラブからいただいたコメントだった。今回改めて話を伺ったところ、「種馬経験のある馬は皆そうなのですが、**クーリンガー**も最初はうるさかったです。リトレーニング後は、ずっと大人しくていい子でしたよ」とのこと。6年後の2020年まで乗用馬として、クラブの人気者として働いた。

　そして2020年10月、のんびり余生を過ごすため、ホーストラスト北海道にやってきた。同施設に現在の様子を尋ねると、「おとなしい性格で、現在は仲よしの牝馬と一緒に牧草を食べたり、のんびり過ごしています」と、ホッとする返事が返ってきた。

　クーリンガーが父フォーティナイナー、母**クールアライヴァル**、その父**リローンチ**という血統のもと、北海道の浦河日成牧場で生まれたのは、1999年6月16日のこと。

　当時はまだグレーがかっていた芦毛の牡馬を見染めた林 進オーナーが、栗東の岩元市三厩舎に預け、デビューを迎えたのは2002年1月27日、京都の3歳新馬ダート戦だった。サラブレッドで6月生まれは遅い方で、同時期の他馬に比べて成長も遅れていそうなものだが、あにはからんや、この時すでに520kgという雄大な馬体を誇っていた。鞍上は主戦となる和田竜二騎手で、2番人気に推されたが6着。しかし、次走で2着、3走目となる3月3日の阪神で初勝利をあげると、小池隆生騎手に乗り替わった3歳500万下条件戦も連勝。そして、記念すべきOP勝ちは5月19日の「昇竜S（OP）」で、和田騎手を背に7番人気だったが、

2013年当時14歳のクーリンガー。

末脚を発揮して中団から差し切った。

　9月3日、地方金沢競馬場で行われた3歳重賞「サラブレッドチャレンジC（GⅢ）」では、3番人気の評価ながら、先行して最後は突き放すレースぶりで初のタイトル奪取となった。続いては、当時3歳ダートの秋の頂点と見なされていた地方交流GⅠ盛岡の「ダービーグランプリ」。4番人気で、前走同様に果敢に先行していったが、すでに大物感が漂っていた**ゴールドアリュール**の逃げにははるかに及ばず3着だった。

◉ダート重賞の常連

　古馬になった2003年も順調で、1月の「平安S（GⅢ）」を13番人気という超人気薄ながら2着とすると、次走の「佐賀記念（GⅢ）」も2着、3月の「マーチS（GⅢ）」と6月の「ブリリアントS（OP）」は3着、「関越S（OP）」と「阿蘇S（OP）」を連続2着、そして10月、中山の「ペルセウスS（OP）」でリリーフした柴田善臣騎手が手綱を取り、約13カ月ぶりに5勝目となる勝ち星をあげた。

　2004年も前年をなぞるようなローテーションを組み、「平安S」を2着、「佐賀記念」は前年のリベンジを果たし1着、続く「名古屋大賞典（GⅢ）」も前年4着から巻き返して連勝を飾り、一気に勲章を2つ増やした。

　ダートのOP路線となると、自ずと毎年同じレースに出走することになるケースが多いが、**クーリンガー**にとって年初の「平安S」→「佐賀記念」→「名古屋大賞典」のローテーションは恒例となった。夏の盛岡「マーキュリーC（GⅢ）」もその一つ。2003年から2007年まで5年連続で出走し、好成績を

10年後のクーリンガー。ますます白くなった!?

あげている。2004年はこれを2着とし、年末の12月29日大井の「東京大賞典（GⅠ）」へ。ここでは船橋の強豪**アジュディミツオー**には及ばなかったが3着と踏ん張った。

　2005年も例のローテーションで始まり、「佐賀記念」を2着、「名古屋大賞典」を連覇すると、2年前には3着だった中山「マーチS」に駒を進めた。先行スタイルが板についている**クーリンガー**は苦もなく3番手にとりつくと、直線で抜け出し、後方から豪快に追い込んできた**サミーミラクル**をクビ差で抑え、通算9勝目、5つ目となる重賞タイトルを手に入れた。その後屈腱炎により翌年5月まで休養に入った。

　2006年7月17日、4度目の挑戦となる「マーキュリーC」は6番人気で、念願の勝利をあげタイトルを6に伸ばした。

　年末は再び「東京大賞典」に挑戦。9番人気だったが**ブルーコンコルド**の2着を確保し、低評価を覆した。

　2007年も勝ち星はないが「佐賀記念」、「ダイオライト記念（GⅡ）」、「マーキュリーC」をいずれも2着。

　2008年2月11日の「佐賀記念」は引退レース。9歳の高齢ながらベテランの貫禄で2着の結果を残し、トラックを去った。

　引退後は種牡馬、乗用馬を経験し、今に至る。長く人のために働いてきた**クーリンガー**の余生が平穏でありますように。

繋養先
◉ホーストラスト北海道
北海道岩内郡岩内町字野束463番地の1
TEL：0135-62-3686
URL：https://www.horse-trust-hokkaido.org/

注：レース名につく「S」はステークス、「C」はカップ、「H」はハンデ、「OP」はオープン、「L」はリステッド、「D」はダートの略。
2000年以前の馬齢表記は現行の新ルールに置き換え、レース名は当時のまま。「GⅠ」のグレード表記は、制度導入前および「JpnⅠ」にも便宜上適用する。

東関東馬事高等学院
馬の学校

馬との高校生活！

BAJIGAKU
まずは
高校見学に
（入学説明会）
GO!

馬が好き、そんなあなたにピッタリの高校です

馬に乗るのがはじめて・・・馬にさわるのがはじめて・・・の皆さんも大歓迎！

2024年4月生（転入希望生）対象
学校見学・入学説明
オープンキャンパス：1月～2月までの開催予定日

騎手受験特別コース ▶	1/21(日)	2/4(日)	2/11(日)
競走馬厩務員コース ▶	1/21(日)	2/4(日)	2/11(日)
一般高校乗馬コース ▶	1/21(日)	2/4(日)	2/11(日)

馬の高校　東関東馬事高等学院　TEL:050-6875-3336　FAX:050-6875-3337

巻頭特別レポート

@Tonglu Equestrian Centre

xīn xīn xiāng róng Ài dá wèi lái　シン・シン・シャン・ロン・アイ・ダ・ウェイ・ライ　Heart to Heart, @Future

心心相融, @未来

mǎ shù
マー・シュー

马术

Asia to the World!
アジアから世界へ羽ばたけ！

第19回 アジア競技大会（2022・杭州）

2023年9月23日㈯〜10月8日㈰ Tonglu Equestrian Centre（中国・杭州市桐蘆県）

今大会のスローガンは「心心相融, @未来」、英語表記は「Heart to Heart, @Future」。「@」の音は中国語の「愛達」に通じ、「心と心を通わせて、未来に愛を届ける」というメッセージになる。人馬の「心心相融」で挑む馬術もまた、未来へ向けた熱い戦いとなった。

レポート＝岡崎千賀子・吉田忍　写真＝c3.photography（chicaco okazaki）　　※選手名敬称略

アジアの17の国と地域から集まった人馬たちによるメダル争奪戦。チームジャパンも大健闘！

　アジア地域最大のスポーツの祭典「第19回アジア競技大会」が中国・杭州市で開催された。4年に一度行われる本大会は2022年の予定がコロナ禍で延期となり、1年遅れでようやく開催の運びとなった。馬術競技が催された会場は、杭州のメイン競技会場から約90kmほど離れた桐蘆県。参加国は開催国の中国をはじめ17の国と地域。ドレッサージュ、イヴェンティング、ジャンピングの3競技すべてにおいて団体戦に出場したのは、日本、中国、香港、インドの4つの国と地域となった。

5つの国と地域が参加したイヴェンティングの団体戦で、日本チームは銀メダルを獲得した。また、個人戦で吉澤和紘＆ペニーグランツが銅メダルを獲得した。

Asia to the World! Team Japan!

【EVENTING】

HIRANAGA Kenta &
DUKE OF SUSSEX

YOSHIZAWA Kazuhiro &
PENNY GRANS

NAKAJIMA Yusuke &
CREDIT KRUNCH

KUSUMOTO Shoto &
VICK DU GISORS JRA

【DRESSAGE】

KUROKI Akane &
L'ESPERADO 2

KURODA Ryunosuke &
BELLATRE D.E.S.

TAKADA Maria &
BRITANIA 7

【JUMPING】

ITAKURA Yuko &
STAKKATISA PS

KAWAI Mike &
GOLDWIN

KOSHIDAKA Tomoki &
CORTIS DE NYZE Z

SUGITANI Taizo &
QUINCY

@Tonglu Equestrian Centre

马术 三项赛 【イヴェンティング】

mǎ shù　マー・シュー　　sān xiàng sài　サン・シャン・サイ

参加DATA：団体5カ国＆地域、個人21人馬、チームジャパン4人馬

スリーデイ・イヴェントに挑むチームジャパン4人馬は、フレッシュな顔ぶれに

イヴェンティングは、日本、中国、香港、インド、タイの5つの国と地域が団体戦に出場。団体戦・個人戦は重ねあわせて行われた。

日本は、次世代の選手の育成、新たな才能発掘という目的のもと、2022年と2023年にかけて講習会や4回にわたる選考対象競技会を国内で行い、上位2つの成績で日本チームメンバーを確定させた。

2022年時点では、世界馬術選手権と日程が被っていたこともあり、海外を拠点に活動しているオリンピッククラスの選手は世界馬術選手権へ照準を合わせ、アジア大会には新たに発掘した人馬を送り込む計画だったが、延期となった分若手がさらに力をつけ、チームレベルが向上した。

今回、日本代表に選出された4人のなかで経験者は平永健太のみ。吉澤和紘、中島悠介、楠本將斗は初めての日本代表となり、海外で行われる総合馬術競技大会の出場も初めてだった。

日本チームの出番は3番、チーム内オーダーは1番手が平永、そして吉澤、中島と続き最後は楠本。

経験者の平永が引っ張り、吉澤、中島が締め、一番若手の楠本がのびのびできるようにと考えられた出番だ。細野茂之監督が明かしてくれた。

「楠本は一番経験が少ないかわりに思い切りがいい。だから、普通なら4番手はやはりエース格が行くところですが、彼はそれを粋に感じて頑張ってくれるだろうという期待を込めたというのも、半分ありました」

人馬ともに落ち着いて集中！ 初日のドレッサージュフェイズで好発進した吉澤＆ペニーグランツ

初日のドレッサージュフェイズで、チームジャパンは平永＆デュークオブサセックスが減点30.5、吉澤＆ペニーグランツが減点28.6、中島＆クレジットクランチが減点31.6、そして楠本＆ヴィックデュジゾールJRAは減点32.5。上位3人馬の合計減点は90.7となり、中国の減点85.2、香港の減点86.8、インドの減点88.9に続く僅差で、4位スタートとなった。

吉澤＆ペニーグランツは70％の得点率を超えた。満足いく演技ができたことを吉澤がふり返った。

「馬場はペニーグランツが落ちついて演技できれば、ある程度点数が得られる感覚はありましたが、ペニーグランツのテンションとの戦いだと思っていました。今回、入厩して1週間あり、その間に多くのトレーニングができ、ペニーグランツは競技の3日くらい前にはもうリラックスしていました。本番はビックリするくらい集中していて、今までとはまったく違っていたので、これなら行けると思いました。僕も落ち着いていたので、アリーナにはスマイルで入場できました。こんな感覚は初めてかもしれないです」

平永健太＆デュークオブサセックス。

中島悠介＆クレジットクランチ。

楠本將斗＆ヴィックデュジゾールJRA。

吉澤和紘＆ペニーグランツ。「今までにない感覚」で、70％超えの得点率。

不利な状況からチーム一丸となってリカヴァリーに成功、チームジャパンは２位に浮上！

２日目は、クロスカントリーフェイズ。コースの全長は4,010m、規定タイムは７分43秒。起伏は少なく難易度も選考会のコースに比べると高くないが、走り過ぎてしまうことに気をつけなければいけないコースだった。初日４位スタートとなったチームジャパンだったが、日本での選考大会で選手たちはタフでテクニカルなコースを経験しており、自信をもって臨んだ。それぞれがクロスカントリーの下見で自身の注意点を把握していたが、１番手の平永＆**デュークオブサセックス**が失権してしまう。

「**デュークオブサセックス**は、まだ若い馬なので少し物見するところがあり、いいリズムでいきたい」

こう話していた平永だが、いつもの手応えとは違って今回はさらに弱く感じ、嫌な予感がしていた。障害を飛んだらリズムに乗れると思っていたが、**デュークオブサセックス**は物見ばかりし、ナーヴァスな精神状態のまま10番障害へ。そこで２反抗。チーム戦のために、できるだけやれることはやろうとロングルートを選択して走行を続けたが、３回目の反抗をして失権。平永は悔しい思いを抑え、まずは１番手の使命を果たそうと残りの３選手に走行した所までのコースの情報を伝えた。

平永が失権したことで、一人もミスはできない状況になったが、３選手とも動じることなく走行した。２番手の吉澤が、走行をふり返る。

「実際に走ってみると、少し芝が長目のグラウンドは柔らかく、パワーがいる馬場でした。**ペニーグランツ**もちょっとバテそうになりましたが、日本の馬たちは国内でその選考会だけに限らず、普段からクロスカントリーはいろんな経験を積んできているので、大きなトラブルはなく走行できました。健太（平永）の**デュークオブサセックス**は残念でしたが、健太のアドバイスもあり問題なくクリアできタイムインもしましたし、そこはやっぱり日本の底力を見せることができました」

３番手の中島の相棒は８年間コンビを組んでいる**クレジットクランチ**。走行中、一瞬ヒヤリとした場面があった。そこは**クレジットクランチ**が苦手としている障害物。

「そこだけはちょっと勇気が出るように後押しはしました」

飛ぶぞという気持ちになっていれば、苦手なところがあっても抜けてくれるだろう、という信頼感で押し切った。いつも通りの感覚でスタートし、ペースよく余裕をもって走ることができ、減点０でゴール。

４番手の楠本は、アジア大会の緊張に加えて、前日の結果がよくなかったことも引きずっていた。

「馬場が終わり、かなり落ち込んでいましたが、吉澤さんに今日は今日、明日は明日、クロスカントリーに強い**ヴィック（ヴィックデュジゾールJRA）**は全然問題ない。そして総合馬術は３日間だぞ、と言われ、冷静になれました」

心を落ち着かせ、冷静に走ることを心掛けた楠本。失権した時点で団体戦は終わりとなる状況のプレッシャーは大きかったはずだ。

「僕がダメだったら、もう完全にメダルは無理だなと思い、かなり緊張しました」

結果は減点０でフィニッシュ。

「まずはホッとしました」

クロスカントリーを終えて日本は減点92.7になり２位まで順位を上げた。１位は中国で減点86.8、３位がタイ93.9、４位に香港95.6となった。

平永健太＆デュークオブサセックス（乗馬クラブクレイン）

影のキャプテンとなっていた平永は、「個性豊かな４人だったので、チームの和をより深くしていけるように考えていました」とチームを最後まで支え続けた。「悔しさが一番です。やっぱり経験者で一番手、期待されていたのに、その期待に応えられてなかったのが一番悔しかったですね」

吉澤和紘＆ペニーグランツ。

中島悠介＆**クレジットクランチ**。

楠本將斗＆ヴィックデュジゾールJRA。

馬術競技会レポート *International*

ペップトークで、闘争心を踊らせろ！ ハードルの先にメダルが待つ！

日本チームはどうやったら自分たちが前向きになれるのかを考え、ペップトーク（Pep Talk＝選手の気持ちを鼓舞するための短いスピーチ、WBCでおなじみとなった）を取り入れた。吉澤、中島が気合を入れ、最後に平永が「色んな逆境を乗り越えてきた。このメンバーだからこそ、絶対にメダルを取れると思っています」と激励して、心を奮い立たせた。

ジャンピングフェイズは個人順位でリバースオーダーの走行。日本チーム1番手は楠本＆**ヴィックデュジゾール JRA**。

「まずはインスペクションでした。インスペクションさえ通れば、もう障害は絶対ゼロで行けるという自信がありました。楽しめましたね」

落ち着いた走行を魅せ、減点0でゴール。2番手の中島＆**クレジットクランチ**も減点0走行。

「**クランチ（クレジットクランチ）**とずっと培ってきた信頼関係があったので不安はなかったです。これで駄目ならしょうがないというところまでやり切ることができました」

そして、最後は吉澤＆**ペニーグランツ**。個人順位でも暫定4位につけていた吉澤。最後の選手次第

で順位が変わる団体戦会場の雰囲気も緊張感に包まれていた。初日から集中力を保ち続けた吉澤＆ペニーグランツは減点0でゴール。

「嬉しかったですね。自信はありましたけど、改めて減点ゼロでフィニッシュして結果を見たときは嬉しかったですし、やっぱり**ペニーグランツ**に感謝でした。僕らはアスリートですが、やっぱり馬術競技は馬があってのものなので本当に感謝ですね」

吉澤が走行を終えた時点で日本のメダルは確定。

最終3人馬は、暫定3位のホー・

ユェン・イェン・アニー（HO Yuen Yan Annie＝香港）＆**ジョッキー・クラブ・ミス・マタナ**（JOCKEY CLUB MISS MATANA）が1落下、暫定2位のサムラン・コンタワット（SAMRAN Korntawat＝タイ）＆**ビリー・エルミー**（BILLY ELMY）と暫定1位のファ・ティエン（HUA Tian＝中国）＆**ポセイドンズ・アドミラル**（POSEIDONS ADMIRAL）は減点0でゴール。

団体優勝は中国、2位は日本、3位はタイとなった。そして個人では吉澤＆ペニーグランツが銅メダルを獲得した。

中島悠介（なかじまゆうすけ）**＆ クレジットクランチ**（乗馬クラブエトワール）

「最終日の障害は、いいリズムで走行することを心がけました。最後の最後に僕が余計なことをしてしまい、障害に当たり、うわ、やっちゃったと思い、着地しながら障害をふり返りました。落ちてないのを確認して掲示板確認して大丈夫だったのでガッツポーズをしました」

Ⓑ

銅メダル 吉澤和紘（よしざわかずひろ）**＆ ペニーグランツ**（日本中央競馬会）

「アジア大会で日本代表になるのは、長年の目標でもありました。予選の1戦目と2戦目に、かなりの思いをかけていたので、2戦目の途中でアジア大会が延期と言われ、もう一回これを来年味あわないといけないのかと思った時は、しんどかったです。愛馬たちが一生懸命にトレーニングを頑張ってくれていますので、自分の気持ちを折るわけにはいかない、自分も頑張らないといけないと思いました。**ペニーグランツ**とは、当初の予定での開催だったら、コンタクトが噛み合っていない部分もありましたが、1年の延期によって、人馬ともにすごく折り合いがついてきて、明らかに去年よりもいい状態で競技に出場できました」

楠本將斗（くすもとしょうと）**＆ ヴィックデュジゾール JRA**（ラクエドラゴンホースパーク）

2023年3月に大学を卒業、環境が変わったが新天地では走路でのトレーニングができるようになり、**ヴィックデュジゾール JRA**の感覚の変化と、何よりも体力がついた。どこまでこの人馬で通用するのか楽しみ、と挑んだ本大会。日本チームでは一番若い選手で、「団体はもちろんメダルを獲ることは絶対。個人でもメダルを獲りたい」と、威勢がよかった楠本。メンタル面でも、これからの日本を背負う頼もしい選手である。

結果は悔しくとも、チームジャパンとして得るものが大きかった「銀」

吉澤はクロスカントリーでは平永の失権の後、誰一人としてミスできないという気持ちになったとふり返る。

「誰かミスをすればチーム全体の士気が下がってしまう、僕らは3人ちゃんと減点ゼロで帰ってきて翌日につなげようという気持ちでした。団体でメダルを獲れたら健太も表彰式に出られるし、チームでずっと戦ってきたので、最後までチームで戦いたかった。僕らはプレッシャーはありましたけど、とにかくメダルに向けて必死に頑張りました。チームで金メダルを取ることを目標にしてきました。皆でベストを尽くしたメダルだったので、自分たちにとっては、もう金に近い銀メダルだと思っています」

各選手がメダル獲得のために自分のやるべき仕事をして、最高のパフォーマンスをした。それは選手だけではなくチーム力で勝ち取ったメダルだった。

監督の細野茂之さんが3日間をふり返る。

「今回出場した（日本の）選手は若手を中心とした国際大会の経験が少ない選手。中国、タイ、インドはオリンピック選手やトップライダーが出場していました。日本だけが国際経験が少ない選手たちでしたが、互角に戦うことができました。チームワーク、チームビルディングということをやってきたので、さまざまなチャレンジをして本大会に挑みました。このことによって多くの収穫が得られました。メダルは銀で悔しかったですが、それ以上に得られた収穫が非常に多かった。試合経験値は、彼らのノウハウとして活かされるはずで、これからの弾みになってくれると信じています」

永年パートナーとして連れ添ってきた**クレジットクランチ**との集大成にしたいと話していた中島は、アジア大会が延期となり、一度は目標を見失いかけたこともあった。

「いろんなステップを組ませてもらって挫折もしたり、諦めたこともあります。そのなかでも**クランチ**が競技に対する意欲みたいなものを、ずっと保ち続けてくれていたので、それに僕は後押しされたような形で続けてこられました。中国では、いい状態で過ごせて、ここ数年で一番いいパフォーマンスを披露できました。やはり、年齢とともに衰えはあるのですが、全盛期の**ク**

総合馬術を支えているメンバーたちが応援にかけつけた。
「普段からからお世話になっているメンバーなので、応援に来てくれるのも嬉しかったですし、彼らが（コースを）つくってくれるから僕らもレベルアップできているので、そういった意味ではチームジャパンの一員です」（吉澤）

左から団体銀メダルの日本、金メダルの中国、銅メダルのタイ。スポーツマンシップで正々堂々と戦い、ホースマンシップで愛馬をいたわる、すべての馬術選手たちをリスペクト。

ランチの雰囲気で、そこにテクニックが加味され熟練されていました。体と心の状態が一番フィットしていたので、すごい自信をもつことがで

きました」

人馬ともにやり切った中島＆**クレジットクランチ**だった。

一番若手の楠本は、アジア競技大会が延期になりチャンスを掴んだ選手。真面目で馬術オタク、日本を発つ前はアップルウォッチ事件を起こし!?　皆に可愛がられていたキャラクターの持ち主。どこまで、今回の人馬で通用するのか楽しみだと挑んだ本大会だった。

「アジア大会はチームとしての強さを感じました。この年齢で貴重な経験ができたので、これから、もっとやっていかなくてはいけないので、頑張ります」

平永、吉澤、中島、楠本全員が、銀メダルは悔しいと言っていた今回のアジア競技大会。しかし、メダルを獲得したことは日本の総合馬術のレベル向上にとって大きなものとなり、選手それぞれの自信となった。そして今後はそれぞれの目標に向かっていくことになる。

銀メダルに輝くチームジャパン。4人とも「銀メダルは嬉しくも、悔しい気持ちが一番です」と、金メダルを目指して挑んだ本大会。関わるすべての人馬に感謝した。

個人銅メダル、吉澤和紘＆ペニーグランツ。「個人でメダルを獲れるなんて思ってなかったです。とにかくチームでメダルをという思いが強かったので、結果的に個人銅メダルを獲ることができましたが、チームのことを考えていたのがよかったのかもしれないです」

马术盛装舞步【ドレッサージュ】

mǎ shù マー・シュー　　shèng zhuāng wǔ bù　シェン・ジュアン・ウー・ブー

参加DATA：団体9カ国＆地域、個人34人馬、チームジャパン3人馬

ドレッサージュのチームジャパンは3人馬。今までを超える高いパフォーマンスを目指す

ドレッサージュは、初日に団体戦が催された。団体戦の出場は、日本、アラブ首長国連邦、香港、韓国、中国、台北（タイペイ）、インド、タイ、カタールの9つの国と地域。団体戦はセントジョージ賞典で行われ、

団体戦の結果が決定。2日目に個人戦の予選がインターメディエイトIで行われ、上位15人馬が個人決勝の自由演技インターメディエトIに進出できる。なお、個人決勝は1チーム最大2人馬の出場という条件がある。

アジア大会への代表選考競技会は、日本会場とヨーロッパ会場の2カ所で行われ、1日目のセントジョージ賞典、2日目のインターメディエイトI二つの得点率平均が67%を超えた人馬を上から順に3人馬を選考し、黒木 茜（くろき あかね）＆レスペラード、黒田龍之介（くろ だ りゅうのすけ）＆ベラートレ、髙田茉莉亜（たか だ まりあ）＆ブリタニア7が選ばれた。黒木はアジア競技大会2回目、黒田と髙田は初出場となった。

気温上昇による一時中断。思わぬハプニングにも「笑顔を残す」ベテラン、黒木 茜

初日の団体戦はチームジャパン1番手の黒田＆ベラートレが69.324%。2番手の黒木＆レスペラードは65.912%。午前中に演技した人馬のなかでは黒田＆ベラートレがトップとなった。午後は黒田が2時スタート。黒木は2時36分スタート。この時期の杭州の気温は日本同様、まだ暑さが強い。黒木が準備運動を始めていたその時に、気温上昇による一時中断のアナウンスがあり、規定開始時間の1時間後に再開するという連絡。すでに練習を始めていた黒木＆レスペラード。日本チームは抗議をしたが受け入れられずに、1時間後に演技をすることを余儀なくされ、65.912%となった。そんな状況でも笑顔で演技した黒木。

「どの写真を見ても、いい顔でいたいなっていうのが、私の目標のひとつでした」

悔しくても笑顔は忘れなかった。

3番手の髙田＆ブリタニア7は67.088%。アジア競技大会出場を目標に海外でトレーニングをしていた。ミスのない演技はできたが、攻めた演技をしたいと気を引き締める。3人馬の合計得点は202.324%で、結果は4位。1位はインド（209.205%）、2位は中国（204.882%）、3位は香港（204.852%）となった。

黒木 茜（くろき あかね）＆レスペラード（(公社)神戸乗馬倶楽部）

2日目は個人戦予選。「暑さ」という名の敵が、多くの人馬を悩ませ、実力発揮を阻む

個人戦の予選は前日の気温上昇の影響を鑑みて、午後14時のスタートを15時に変更して行われた。

日本チームの1番手で演技したのは、黒木&レスペラード。開始してすぐにC地点から左に行くところを右に行ってしまい経路違反。すぐに立て直したようにも見えたが、なかなか難しかった。

「立て直しができなかったのが、正直なところですね。そこで糸が切れちゃいました。集中力が切れてしまったのが原因だったと思います。うまく立て直せなかったですね」

レスペラードにとって、大きな大会は今回が初めてだった。多くの観客がいるなかで初めての演技。

「彼（レスペラード）はいつも通りにやってくれました。この子とのコンビは最後になるかもしれないし、ラストダンスかもという思いで臨んだからこそ、ちょっと思い残すところがあり過ぎたというのと、彼が万全の状態で臨めなかったというのが本当につらいです。自分が満足できるパフォーマンスで終わりたかったですね。暑いなか、彼も本当に耐えて耐えて耐えた状態。それでもずっと獣医さんがキープしてくれて臨んだ個人戦だったので、悔しいし私の不甲斐なさが情けないです」

62.147%で点数は伸びず、ここで黒木のアジア大会は終了した。

2番手は、髙田&ブリタニア7、午後の部の15時9分からスタート。準備運動はインドアで行っていたが、それでも暑く、準備運動も必要最低限しかできなかった。思っていた以上の暑さのなか、集中力を欠いた演技となってしまう。

「暑さでやられ、アリーナに入ったらいい風が吹いていて落ち着いたのですが、細かいミスが出て残念でした。競技アリーナの外側を回っているときは、いい感触でしたが、演技していくうちに、私の集中力も少し切れてしまい、暑さを言い訳にしたくないですが、あんまり覚えていないです」

攻めて乗りたかった髙田だったが、決勝に残れる演技を意識しすぎて消極的になってしまう。しかも目立つミスをしてしまい63.676%で演技は終了した。

3番手の黒田&ベラートレは70.971%。軽快な演技を披露していたものの、「ベラートレが、いまいちピリッときていなくて混乱していたので、それをどうコントロールするかを考えながら演技していました。緊張しましたね。集中というよりは緊張しました」

髙田茉莉亜&ブリタニア7（アイリッシュアラン乗馬学校）
たかだ まりあ

3日目の個人決勝には、チームジャパンから2人馬が進出。愛馬への感謝を胸にアリーナを舞う

自由演技に出場できるのは上位15位まで。予選5位の黒田は決勝進出したが、17位の高田は、各国最大2人馬が決勝に進出できるルールにより決勝進出が決定した。

高田は悔いが残る演技となってしまった。結果は、59.965%。3日間通して演技できたことに感謝しつつ競技をふり返った。

「本当にラッキーで、ギリギリで滑り込めた形だったのですけど、せっかくいただいた機会なので楽しく回ってこようという思いで演技しました。最後は気持ちよく終わりたかったのですが、ちょっと悔いが残る形だったので、また次の機会に大きい舞台で演技を披露することができれば頑張ろうと思います」

この結果に新たな目標が早速できた。

高田はTOKYO2020オリンピックと世界選手権に、林 伸伍選手のグルームとして帯同。その経験を通して高田自身も日本代表として演技する心の準備はできていた。しかし、長距離輸送の難しさや大会期間中に好調をキープすることの難しさ、それを改めて痛感した。

「まだまだだな、というのを痛感しました。今はまだ先のことが見えない状況で、代表の座を掴むことも簡単じゃないですし、まだまだ精進が必要だと思っています」

ブリタニア7は15歳。このような大きな舞台は、年齢的にもこれで最後となる。

「本当にここに来られたことは、サポートしてくださっている皆さんであったり、家族であったり、所属先の皆さんであったり、あとは何よりブリタニアのおかげです。9歳からずっと乗ってきてここまで連れて来てくれたことにはやっぱり感謝したいです」

皆への謝意とともに長年の相棒ブリタニア7への感謝で締めくくった。

一方、黒田はインターメディエイトIのキュアは初めてとなった。

「集大成としてグレーの燕尾を着て、ほんと楽しんでやりたいですね。そしてベラートレは、ここ最近では点数を引くところがないっていうくらい常歩も駈歩も全部合格点をあげられるほど平均以上にはなっています。強いていうなら全部、彼女（ベラートレ）の切れとか上品さっていうのを見てほしいです」

こう語っていたが、本番は落ち着いた演技で72.405%を獲得。団体戦がメインで個人戦のことはあまり考えてなかったという黒田。4位という結果に悔しさを見せたが、悔いはない3日間だったという。

「TOKYOオリンピックを目指していた頃に疝痛の手術をしました。あの時は本当に（ベラートレが）死ぬかと不安になりました。ほかにも腱の炎症が再発するなどいろんなハプニングがありましたが、オリンピックのナショナルチームにも入れたし、ここまで連れて来てくれたし、彼女にはほんとに感謝しか思い浮かばないですね」

改めてベラートレへ感謝しつつ感慨を語った。

「できることは全部やったので、これで馬人生は締めくくれるかなと思いましたね」

④ 4位 黒田 龍之介＆ベラートレ（西宮甲山乗馬クラブ）

心心相融,@未来

mǎ shù
马术
マー・シュー

马术 场地障碍 【ジャンピング】

mǎ shù　マー・シュー　　chǎng dì zhàng ài　チャン・ディー・ジャン・アイ

参加DATA：団体12カ国＆地域、個人51人馬、チームジャパン4人馬

チームジャパンは4人馬がジャンピングに挑む

ジャンピングは、5月にベルギーでアジア大会の日本代表選考競技会が行われ、ヨーロッパを拠点に活動している代表4人馬が出場した。3大会連続となった杉谷泰造のほか、板倉祐子、川合正育、腰高知己の3選手は初出場となる。初日は2回走行の団体戦と個人戦の予選。同じ日の午前と午後に同じコースを走行し、第1ラウンド、第2ラウンドでチーム内上位3人馬の合計減点で順位が決まる。個人戦に進めるのは、団体戦2回走行の上位40人馬で個人戦第1ラウンドの上位25人馬が第2ラウンドに進み、個人戦の順位は第2ラウンドの減点のみで決まる。

団体戦は、日本、中国、香港、インド、イラン、韓国、サウジアラビア、クウェート、カタール、台北、アラブ首長国連邦、ウズベキスタンが出場した。団体戦は140cmクラスで、個人戦が150cmクラスで行われた。

初日午前、団体戦・個人戦の第1ラウンド。テクニカルなコースを乗り切って第2ラウンドへ

日本チームは、杉谷＆クインシー、腰高＆コーティスドゥニーズZ、川合＆ゴールドウィン、板倉祐子＆スタッカティザPSの順番となった。

第1ラウンドは、1番手の杉谷＆クインシーがクリアラウンド。2番手の腰高＆コーティスドゥニーズZは1落下し、川合＆ゴールドウィンと板倉＆スタッカティザPSが減点0でゴールし、チーム減点は0。この時点で日本のほかに、サウジアラビア、アラブ首長国連邦、クウェート、カタールと、合計5カ国が同率1位となる。サウジアラビア、アラブ首長国連邦は4人馬とも減点0。

杉谷は愛馬とともに好調だった。

「絶対に満点でフィニッシュしなければいけないことは覚悟していました。コースは難しく、テクニカルなコースですね」

入念にコースを確認していた杉谷。クインシーは脚が速い。ベテランの杉谷は引っ張る立場だが、チームに勢いをつけるためにも1番の出番となった。

2番手の腰高は日本代表となりアジア大会が初出場。

「緊張しました。第1障害はコーティスドゥニーズZがいろいろ見てしまいました。その後は切り替えられたので、最小限（できた）かな

と思います」

こうふり返る腰高の走行を杉谷も労う。

「惜しかった。1番障害は、すごく嫌な角度で置いてあって、1番だけ角に入っていく感じで、ちょっと集中しにくい障害だ」

しかし、第2ラウンドに期待できる走行だった。

また、板倉も第1ラウンドをふり返った。

「昨日のウォームアップ（トレーニングセッション）がよくなかったので、どうやって気持ちを上げようか考えて、今日は新たな気持ちで臨みました」

しっかり修正して臨めたラウンドとなった。

板倉祐子＆スタッカティザPS(University of California, Irvine)

午前とは一転、テクニカルなコースが牙をむいた第2ラウンド、チームジャパンは苦戦

午後は同じコースで第2ラウンドが開始された。日本チームは、同じコースデザインだからこその怖さが出てしまった。

1番手は杉谷＆クインシー、しっかり減点0でゴール。

「1ラウンドと2ラウンドの間にコースを何回も見て、1回目で悪かったところを、2回目はどのように改善していくかを確認しました」

こう語った杉谷。1ラウンド目とは違う走行をした。

2番手の腰髙＆コーティスドゥニーズZは、1ラウンドで落とした1番障害をクリアしてスムーズに走行していたが、中盤のトリプルコンビネーションで2反抗があって失権。

障害馬術監督の中野善弘さんがふり返った。

「障害前でコントロールして踏み切りが狂ってしまい、馬が1回停まって、1回停まられたことに対して、気持ちの整理がつかないまま、2回目に向かってしまったのではないかと考えます」

腰髙はこの舞台を目標に進んできた。杉谷、川合、板倉は経験豊富な選手たち。3人の背中を追いながら、負けないように、自分らしく、愛馬と満点で帰ってきたいと臨んだ本大会だった。

コースが変わることで、また新たな気持ちで挑めるが、1ラウンドと同じように走ればいいのか、1ラウンドと愛馬の調子が違ったために、考えざるを得ない難局と向き合うことになり、同じコースを2回走る難しさを痛感することとなった。

「ここからステップアップして、その次の目標に向かい、アジア大会の経験を活かしていきたいです」（腰髙）

初めてのアジア大会はホロ苦い経験となった。

3番手の川合＆ゴールドウィンは、第5障害の横を通過してしまう。観客の歓声に気づいて戻ったが1反抗となり、その後も2落下。

「国を代表した大会で、皆に申し訳ない気持ちです」

1ラウンドではタイムがギリギリでゴールしたため、2ラウンド目はタイムを意識しすぎた。そしてメダルの意識も大きかった。本大会は残念な結果となったが、次の目標に向かい前進が必要だ。

チームとしてメダルが厳しくなった状況で、4番手の板倉＆スタッカティザPSは、落ち着いた走行をして減点0でゴール。板倉の2回走行目の集中力はズバ抜けていた。頼りになるライダーである。

2回走行の難しさについて中野監督が語った。

「2回走行の難しいところは、もちろん皆、緊張しながらも集中して走行しますが、同じコースの2回目というのは、大抵2回目で成績がちょっと落ちるんですね。というのは、やはり集中力が少し落ちるということと、1回飛んでいる安心感。馬も飛んでくれているし、緊張感がゆるんでしまう可能性があります。1回目よりも2回目の成績を出せる選手というのは、本当に自分の中で緊張感を絶えずつくりあげています」

2回走行は簡単なようで易しくない。日本チームは残念ながら、減点24で6位となった。

団体戦の結果は、上位3カ国がいずれも減点0だったため、ジャンプオフによる決着となり、サウジアラビアが優勝、カタールが2位、アラブ首長国連邦が3位となった。

川合正育＆ゴールドウィン（㈱日本電気保安協会馬術部）

腰髙知己＆コーティスドゥニーズZ（相生乗馬クラブ）

個人戦では、さまざまな条件を克服しながら臨んだ杉谷＆クインシーが、8位

個人戦には上位40人馬内に入った、杉谷＆**クインシー**と板倉＆**スタッカディザPS**が進んだ。川合＆**ゴールドウィン**も個人戦の権利を得たが、ホースインスペクションを棄権し、個人戦には出場しなかった。

杉谷＆**クインシー**は第2ラウンドまで進み、第2ラウンドで減点4となり8位、板倉＆**スタッカディザPS**は36位となった。

杉谷は、アジア大会に向けての予選会が5月にあって本番までの時間が空き、愛馬の調整は難しいことを予想していた。

「長距離で、飛行機に乗っている時間だけではなくて、待ち時間や降りてからの時間が長いことは覚悟していたので、その準備はしてきました」

万全の状況で挑んだアジア大会。「団体戦でメダルが絶対にほしい」と言っていた杉谷は、悔しさが残る。次の目標はパリオリンピック。気持ちを切り替えて進んでいく。

杉谷泰造&クインシー
（杉谷乗馬クラブ）

聳え立つ世界という名のフェンスを飛び越えるため、生まれた課題を今後に活かす！

最後に中野監督が競技をふり返った。

「大会全体を見ると、中東の5カ国の馬たちは明らかに以前のアジア大会のレベルとはまったく違うレベルになっていました。5カ国4頭ずつで約20頭はグローバルチャンピオンシップを飛んでいる馬。予測していた以上に、壁は厚いですね。1回走行目が終わって、日本選手はとてもよく頑張ってくれていました。アクシデントがあった後の気持ちのコントロールは冷静に対応していくのが難しい。腰高選手は初めての国際大会で緊張はあったと思いますし、川合選手はチームとして戦う経験が比較的少ないので、若手2人はプレッシャーもあったと思います。経験豊富な杉谷、板倉の両選手は冷静にベストな判断ができていました。過程やコミュニケーションの重要さ、メンタルのケアなど、今大会の結果から生まれた課題を今後の経験として活かしていきたいと思います」

1ラウンドが終わり、2ラウンド目に期待が大きくあった日本チームは、課題が明確となった。そしてパリの地域予選とアジア競技大会を同じ人馬で戦ったという難しい状況ではあったが、経験を次につなげていかなければならない。

無事に帰ってきた杉谷泰造&**クインシー**を拍手で迎える中野監督（中央）とチームメイトたち。

連載エッセイ
馬耳東風 馬ライフ版

文＝西村修一

第28回
ジェリコー・マゼッパ伝説

妖しいショックをもたらす芸術の魔性

　絵を描くことだけに人生のすべてを賭けたゴッホやゴーガンの絵を見ていると、彼らはきっと自分自身の身も心もキャンバスの中にぶち込まずにはいられない衝動にかられて絵筆を握っていたように思える。

　おそらく彼らはある日突然、一般人には到底理解し得ないような異常な感情が、まるで電流の如く全身を走り、やがてその電流が全身に蓄電された時、そのエネルギーを一気に絵筆の先端からスパークさせたに違いない。

　そして彼ら自身の肉体は当然の結果として芸術のもつ妖しい魔力に感電し、ボロボロに焼け爛れながら、彼らの血と肉をキャンバス上の絵の具にかえて、その寿命を削り落としてしまったように

思えてならない。

　精神病の発作に悩まされ、遂にピストル自殺をとげたゴッホや、家族を捨てて一人南太平洋のタヒチにわたり、後にマルケサス諸島で孤独と貧窮のうちにこの世を去ったゴーガンのようなすさまじさはないけれど、小学生の頃から80歳になるまで戦争中も馬乗り一筋の人生のなかで満60歳の時、馬術の国際大会でグランプリ馬場馬術競技の最中、心臓の弁の腱索断裂によって危うく死にかけ、当時の最新技術によって一命を取り留めたのを機に始めた馬の彫塑（彫刻）の原型造りのための粘土と格闘をしていると「馬」は恋人などという一般的解釈では到底表現できない魔性をもった生き物のように思えるときがある。

　何故ならば、70年近く毎日のように彼らに接しその肌に触れていると、ある日突然、ゴッホやゴーガンが感じたであろうと思われるあの妖しい電気ショックに襲われるときがあるからだ。

馬の愛し方を哲学する映画

　今から約30年も前になるだろうか、フランス映画で「ジェリコー・マゼッパ伝説」というのがあり、テレビでも一般放映された。

　馬の血がブクブクと白い泡をふきながら、まるで小川のように流れる馬の死体の解体場面から始まるその映画は、一種異様な雰囲気を漂わせていた。

　然しそこに登場する主人公役のサーカスの団長の馬術の美事さと彼の馬に関する台詞は、まさに圧巻で、馬術の真髄以外の何ものでもなかった。

　終始革の覆面をしたその主人公は、フランスの有名な「ジンガロ」というサーカスの団長ではないかと思われるが、馬の絵と彫刻をつくりたくてサーカスを訪れた若い芸術家に、彼は酒をのみながら熱っぽく語りかける。

　「馬を語るのに言葉は不要だ、必要なのは馬の肉体を抱擁することだ、馬のふるえを感じることだ、馬なき馬乗りなど、血を半ば失ったも同然だ」と。

　さらに彼は馬に乗りながら、「馬の駈歩は三種の歩法（駈歩、速歩、常歩）のなかで最も複雑だ、君の駈歩は虚飾だ、むやみに駈けても馬を酷使するだけだ、君は馬に酔うが馬は君を無視する。恋人を抱きしめるとき相手が快楽を感じないとしたら……。

　要は速さではなく遅さだ、駈歩の秘密を教えよう、私にとって馬を理解することは、遅さに紛れることだ、それは忍耐といってもいい、愛撫が馬の心をほぐしてくれる、馬を見つめて馬のことだけを考えろ、相手を知ることが己れを知ることになるのだ。

　馬の嫌がることはけっしてするな、これは馬への心構えだ、唯これは強制ではなく忠告だ。結局は情熱的な肉体の交わりだ、たとえ熱中しても馬の嫌がることだけはするな、師に背いても馬には決して背くな、己れに忍耐を課せ、馬に己れを理解させろ、謙虚に」

　最後に若い芸術家が粘土で馬像をつくっているまわりを、手綱なしで美事な高等馬術を演じながら、「己れの手など信じるな、暇を見つけては馬の尻に触れ、そして馬のにおいを嗅げ」「馬の像はあとに残るが、それが一体どうだというのだ、私の馬は喝采する客の胸の中に消えていく、たとえ客の心の中に記憶として残ったとしても、それはくだらん、記憶がなんだ、実感がすべてだ、人生も愛だ、現実だけを愛せ、それで充分ではないか」と。

　その言葉を聞きながら私は、これこそが馬術というスポーツの中にひそむ魔性なのだと思った。

　馬一筋の人生を歩んできた私にとって、これらの言葉は、まさに「我が意を得たり」の感がしてならないのだ。

プロフィール：西村修一
1930年（午年）東京都生まれ。慶應義塾大学経済学部卒業。馬術家、彫刻家、エッセイスト。日本ペンクラブ元会員。前日本彫刻会会員。
1950年、全日本学生チャンピオン（馬場馬術、障害飛越）。1955年、日本スポーツ賞受賞。60歳で当時国内数例目の心臓手術を受けるも、72歳で馬場馬術世界ランキング第82位。
術後始めた馬の彫刻は「馬の心を彫る彫刻家」と高く評価され、馬事公苑をはじめ、全国の競馬場などに銅像が設置されている。

馬と人との安全を科学する!?
SAFETY FIRST➕
事故を防ぐのは人の役目

文＝菊澤大助　協力＝一般財団法人 明石乗馬協会

第16回　走られてから止まるまで②

馬の心理を解説しながら「走られてから止まるまで」をテーマにお送りしている本稿ですが、先に進む前に、そもそも走ろうとする馬を思いとどまらせる方法はないのでしょうか？ そこで少し回り道をしますが、今回と次回にわたってそのことを先に考えてみましょう。

用語解説【驚きと恐怖】

動物の体の感覚器官で受けた信号を、脳を介さずに脊髄から直接運動器官へ送り最短で行動に移すことができるのが反射で、驚いた時に多い。一旦脳で受け取って判断行動するのが反応。恐怖や不安を感じて動く場合に多い。動物が身を守るための最初の動きは反射的に行うことが多く、その次に反応した動きをする。

走られるのをやめさせられるなら そのほうがいいはず！

前回の最後に「次回は具体的な馬への対応などを紹介します」と言いましたが、その前に前回の用語解説にある「反射と反応」をまず説明するべきだったと気づきました。ですので、先に進む前に今回は、そもそも「走られるのをやめさせるためにはどうしたらいいか」を説明します。

隣で急な動きや音があり驚いて動くのが反射、隣の物（人）が怪しげな動き、または音を出し始めたため怖がって動くのが反応です。

❶馬が驚いて動く第一歩は反射

いきなり大きな音がしたり物が倒れるなどの現象に馬が驚いて動く最初の一歩は、たいてい反射によるものです。

例えばあなたに向かってくるボールを思わずよけることや、熱いものに触れたとき思わず手を離すなどが反射で、これにあたります。

イラスト＝メトロポリタンプレス

頭で考えるより先に体が動きます。これはあくまで私の経験則ですがこの第一歩を完全に止めるのには無理があり、完全に止めようとすると馬にも一層負担をかけ、より驚かせることになるでしょう。ほとんどの騎乗者がこういった状況には感覚的に対処しているので、なかなかこの話をアカデミックにする場がありませんが、「馬が驚いた時の第一歩を、なにがなんでも止める」派と「第一歩は無理に止めず、その次を止める」派に分かれるようです。

私自身は後者で、驚いた馬をまったく動けないようにするのではなく、次の一歩を出せないようにジワッと、しかし強いブレーキをかけています。

誤解を与えないように補足しておくと、第一歩目は決してフリーにしているわけではありません。あくまでガチガチに拘束されていると馬をより慌てさせてしまいます、ということです。

さて第二歩ですが、これはしっかりと止めてしまいます。

馬の瞬間判断能力は人間よりも数倍優れており、反射的に動いた第一歩の時間内にすでに馬は状況判断を頭で考え始めています。

❷怖がって走ろうとするのは反応

例えば、まだ経験の少ない馬に鞭を持った人が不用意に近づいてくるのを馬が怖がって爆発的に走ってしまうのは

反応です。最初の一歩から馬が考えて逃げるために動く判断をしています。

この場合、最初の第一歩を認めてしまうとリーダーシップ（アルファとしての地位）を馬に譲り渡してしまうことになります。

そのため、この第一歩を止めることが勝負になります。

馬が怖がって走るときに騎乗者をリーダーとして認めていれば（それが仮に中途半端だったとしても）必ず「どうする？」という判断を求めてきます。

この時に「大丈夫、走っては危ない」と馬に返事をすることができれば怖がりながらも馬は我慢できます。

この時はガチガチの拘束です。馬に対して「一寸も動いてはならぬ」という指示を出し続けます。理由は、少しでも優柔不断に思われたり、怯んだように馬に取られると、馬がリーダーを信じることが難しくなるからです。

頼れるボスと馬に思わせたければ、馬が怖がって動こうとする第一歩を絶対に認めないという強い意思表示が必要です。

❸ 反射か反応なのかわからない

乗馬初心者にはこの馬の反応も反射と同じくらいの速さに感じる方が多いようですが、これは馬の思考スピードが人間よりもはるかに高速で行われていることと、もう一つは馬が怖がることを予測できず、馬が反応を始めていることに気付かないことが原因です。

さて、ここまで読むと騎乗中にイレギュラーが起こった時、それが反応なのか反射なのかをとっさに判断し、対処することなど無理！と感じた方が多いと思います。

実際この手の対応についてはあまり乗馬クラブなどでは教えられることが少

ウエスタンでのルーズレーン。引っ張るばかりが手綱じゃない⁉ 写真提供＝SR Showhorse Stable

なく、昔は「落馬しないとうまくならない」などと乱暴なことを言われていました。

これはつまり、「馬になにかイレギュラーが生じた時は、人間のほうも反射的に対応できる必要があり、そのためにはその経験をその人の体にじかに覚えさせるしかない」ということです。だから「落馬をしただけうまくなる」だの「一皮むけた」などと言われるのでしょう。

本当にそうでしょうか？

確かに乱暴な方法としては危険な状況を何度も経験して体で覚えていくやり方もできるでしょうが、人間はもっと賢い動物で、馬もそんな状況に置かれることを望んではいないはずです。

❹ 普段の乗馬練習を見直してみる

馬への指示をONとOFFで考えていると馬のイレギュラーへの対応もできるかできないかに分かれてしまいますが、馬への指示は機械操作と違います。

もしあなたが馬を歩かせる時にいきなり脚だけで動かしたり、止めるときに手綱だけで指示しているのだとしたら、その乗馬練習は見直しが必要です。

特にウエスタンスタイルの特徴の一つである、手綱をゆるめて馬を操作する「ルーズレーン」は、知らない人は勘違いしているかもしれませんが、決して「ノーコントロール」でも「ノーコンタクト」でもありません。

ドイツ馬術の教科書で「停止している馬を常歩させるための発進方法」について、脚と手綱、そしてバランスの説明が5行にわたり必要な理由がそこにあります。

どの扶助もすべてゼロからスタートして馬が反応する最小限の力で行います。そして、それが磨かれれば磨かれるほど、他人からはまるで何もしていないように見えるレベルまで落とし込んでゆくのです。

この手綱と脚とバランスの扶助を極限まで小さくしていこうとすると、人間側も反射的な感覚まで磨いていくことになり、ひいては馬がイレギュラーを起こしそうになった際にも反射的な対応がとれるようになっていくのです。

次回はこの普段の練習の見直しについてもう少し丁寧に説明していきます。

PROFILE: **菊澤大助**
一般財団法人明石乗馬協会所属の乗馬インストラクター。
兵庫県立農業高等学校特別非常勤講師。
東京農業大学卒業後、牛馬の削蹄装蹄師やアメリカでのカウボーイ、オーストラリアでの牧場管理の経歴を持つ。
専門はアニマルコミュニケーション。

INFORMATION
一般財団法人 明石乗馬協会
人と馬のパートナーシップを大切に、人と社会の健康と福祉に役立つことを目的として、1972 年に創立。一般の乗馬指導や競技会ほか、乗馬普及活動、日本障がい者乗馬協会の活動も積極的に行っている。
住所：兵庫県明石市大久保町松陰 1126-47
TEL:078-935-8900　URL:http://www.ara.fm

「馬の名は？」馬名雑学のススメ vol.27

キミ

馬名の意味を知れば、知識が広がる！　文= さくら＾∀＾くん

◆今回の馬名は

ドゥレッツァ（Durezza）

種牡馬ドゥラメンテの勢いが止まらない。タイトルホルダー、スターズオンアース、ヴァレーデラルナ、リバティアイランド、ドゥラエレーデ、シャンパンカラー、ドゥレッツァ、そしてアイコンテーラー。産駒4世代でJpnIを含め8頭のGI馬を輩出し、11月3日のアイコンテーラーによるJBCレディスクラシック制覇で延べGI 14勝に達した。

なかでも菊花賞で戴冠を叶えたドゥレッツァは、馬名的見地からすれば"待望"だったのではないだろうか。なぜなら、父同様に「音楽用語」から命名された初のGI馬、

つまり後継馬として最もふさわしく感じられるからだ。父ドゥラメンテ（Duramente）の馬名意味は「荒々しく、はっきりと（音楽用語）」、そして、ドゥレッツァ（Durezza）は「激しさ、厳しさ（音楽用語）。父名より連想」となっている。

「荒々しく、はっきり」、「激しさ、厳しさ」と言われてもそのニュアンスの違いは音楽の素人には分かりづらい。調べてみると「Duramente」は演奏法の指示で、「Durezza」は演奏法というよりは音楽そのものの性質、言い換えればジャンルのようなものらしい。「音楽用語」とひ

と口に言っても、その内容は幅広い。両者の違いを知るために検索して出てきた音楽を聴き比べたら一耳瞭然だった。「Durezza」と呼ばれる音楽は、教会などにふさわしい荘厳な雰囲気。ドゥレッツァの母はモアザンセイクリッド（More Than Sacred）で、「神聖を超えて」といった意味だけに、納得だ。

ドゥラメンテ産駒はこれからも活躍し続け、同時に音楽用語由来の馬名も増えていくのだと思う。そこで、これまで重賞レースを走った音楽用語由来の産駒たちに絞り抽出

した8頭を下記表にまとめてみた。このなかから、また新たな勲章を加える馬が出るか、楽しみである。

音楽がらみなら、ほかにもフィリーズレビュー（GII）を勝ったシングザットソング（Sing That Song）がいる。意味は「あの歌を歌って」。母がザガールインザットソング（The girl in that song）「あの歌に登場する少女」なので、とてもマッチした、いい名前だと思う。

有馬記念は見送るとの情報が流れているドゥレッツァだが、海外遠征も含め来年の活躍に期待だ。

馬名	年齢・性別	意味
ヴァリアメンテ Variamente	5歳牡	色々変化させて（音楽用語）。父名および母名より連想
ファルヴォーレ Fervore	5歳牡	熱烈な（音楽用語）より
レヴェッツァ Levezza	5歳セ	飛ぶように、軽快に（音楽用語）
レッジャードロ Leggiadro	5歳牝	優美な、しとやかな（音楽用語）
サウンドビバーチェ Sound Vivace	4歳牝	冠名＋快速に（音楽用語）
エメリヨン Emerillonne	3歳牝	活発な（音楽用語）
ドゥレッツァ Durezza	3歳牡	激しさ、厳しさ（音楽用語）。父名より連想
ガイアメンテ Gaiamente	2歳牡	楽しい、快活な（音楽用語）

重賞勝ちはサウンドビバーチェ（阪神牝馬SGII）とドゥレッツァ（菊花賞GI）。レッジャードロは繁殖入り。2023年11月末現在。

連載マンガ

与那国馬のココちゃん

（よなぐにうま）

#16 ココちゃんが寝転ぶまでの長い道のり その7

作・画＝吉田 望　協力＝一般財団法人 明石乗馬協会

① 丸馬場追い運動の効果は……

② 人のプレッシャーからは逃げられない意識を吹き込む

③ ココちゃんは、どうも理解しているらしい

④ 人の指示に従えばプレッシャーは消える

⑤ ココちゃんは諦めが悪い

⑥ でも美味しいものへの集中力はバツグン

⑦ 追い運動完成の第一歩は人の方を向いての停止

⑧ ココちゃん、答えは合っているのに間違っている気が……

◉前回脱走したココちゃんがすぐに帰厩。美味しいものをくれる人がいるからね♡

次号につづく！

Dressage

グランプリホースへの道（全3回）

レポート・写真＝小林美沙希

写真＝Denise van der plas、Marcel knaapen

写真提供＝ヤコビン・ダイクスホールン

心を込めて育て上げた愛馬アリーとヤコビン・ダイクスホールンさん。
GPダッチチャンピオンシップで優勝時。
写真＝Denise van der plas

3 ドレッサージュホースの調教と、向き合い方

これまでどのようにポテンシャルのある馬を選ぶか、そしてその馬をどのように訓練していくかについてインタビューしてきました。短期集中連載の最後は、グランプリで求められるテクニックを愛馬にどのように教えていくかについて伺ってきました。

グランプリレベルに進めるかどうかの見極め

ヤコビンさんは数々のグランプリホースを育てあげてきましたが、キャリアの初期の頃、グランプリのすぐ下のレベル「ZZ」まで訓練が進みながら、馬のキャパシティーがグランプリにまで及ばず、諦めたことがあったそうです。ZZまで到達できても、グランプリへの壁が越えられない見極めの基準について伺いました。

「私は18歳になる頃までに馬を自分で調教してZZレベルまで育て、多くの大会で優勝してきていたので、当時、才能ある若いライダーとしてオランダ馬術協会に招待を受け、多くの馬の調教に関わりました。

その初期の頃、ZZより上のグランプリホースに育てようと2歳半で購入し、すべて自分で教え込んできた牝馬がいたのですが、途中で調教を諦めました。彼女は当時8歳だったのですが、問題はキャンターです。彼女は『生まれもったキャンター』がグランプリのレベルには合わず、ZZまでは何とか到達できてもそれから先の技を実行することが難しいのは、ほかのグランプリホースと比べて明らかでした。

頭がよく性格も素直でしたが、教えていることが伝わってもできないのです。馬にできないことを力ずくで教えるのは無理と分かっていました。6年間毎日時間と愛情をかけてきた馬を手放すのは大きな決断です。彼女を愛しているからこそ、ほかのアマチュアのライダーに手渡したほうが幸せにつながると確信して手放しました。彼女にとっても新しいオーナーさんにとっても、そして私にとっても、ベストの選択でした」

そんな経験もあり、グランプリを狙うのであれば、購入の際、いいウォークとキャンターができる馬を選ぶことが絶対条件だとつくづく思い知ったそうです。

さて、その後ヤコビンさんは歩様を重視してポテンシャルをしっかり見極めてから馬を選び直し、3歳の何も技術を教えられていないオビワンを見つけ出しました。彼こそがグランプリレベルまで育てあげた最初の愛馬となります。

ヤコビンさんが初めてグランプリホースにまで育てた**オビワン**と。写真＝Denise van der plas

オビワンのキャンターを初めて見た時、その歩幅や肢の動きから、グランプリレベルの技術まで教えることができると確信したのは、このような背景があったからなのです。

比較的覚えやすい技から始め褒める回数を増やすのがコツ

それでは、グランプリホースを目指すための実際の調教について教えてもらいます。

最も難易度の高いテクニックは？

「何と言ってもワンテンピチェンジ（one tempi changes＝フライングチェンジを連続で何度も行うこと）です。グランプリレベルでは15回が求められるのですから。

ライダーは機敏さが求められますし、馬も何を意味しているかわかる必要があります。グランプリのテストでは一つでも間違いがあれば、残りのワンテンピチェンジがすべて減点です」

私はいつもヤコビンさんがあまりに優雅にワンテンピチェンジを練習している

ので そんなに大変な技術とは知りませんでした。

「ピアッフェは、前に進むことをイメージして上手にできたら褒めて教えていきます。

ピアッフェは馬も得意気に技を披露してくれます。手綱にまったく緊張がない状態でできたら完成。手綱をガッチリ握ってのピアッフェは、まだでき上がっていない状態です」

ヤコビンさんはそう言って、手綱に力が入っていない状態での綺麗なピアッフェを披露してくださいました。

「どんなテクニックも基礎がしっかりしているのが大前提です。とにかくグランプリの最初の基本は脚の圧力ですぐ前進、手綱で後進（スピードを落とす、止まる）から始まり、来る日も来る日もトレーニングです。そして何も教えていない状態から5年、6年とかけてグランプリホースへと育てあげていくのです。体だけでなく、精神的にも成熟していかなくてはならないので、最低このくらいの

年数が必要なのです」

最初に教えるテクニックについて

「ピルーエットとフライングチェンジは比較的覚えやすいし、上手にできた後に褒めてあげる回数も増えるので、最初の技としておススメです。ハーフパスはZレベルの段階で馬にどんなものかをすでに教えているので、その馬にとってはかなり簡単にできる状態です。ただ、セントジョージだと、アリーナの『Xポイント』でフライングチェンジなのでそれほどでもないのですが、グランプリだと3回でフライングチェンジ、その後2度にわたり6回でフライングチェンジ、そして最後に3回でフライングチェンジ。この回数を間違えると減点。これがライダーにとっては結構大変なハードルです」

グランプリレベルともなるとライダーにとっても相当なプレッシャーだということが伝わります。

「コマンドのタイミングが少しでも遅れると馬の反応も遅れ、結果として減点で高い点数が取れません。それに気がつ

今回のインタビューはグランプリに王手がかかっている**ユリウス**に騎乗した状態で行いましたので、インタビュー中にいろいろなテクニックを披露してくれました。

馬場に敷かれた砂のクオリティーが素晴らしいです。

ヤコビンさんは200年以上続く酪農家に生まれ、今でも当時からの家に住んでます。

手前にあるのは実際に使われていた牛乳のタンク。

いても焦ったり、怒ったりせずに最後まで演技を通す精神力がライダーには不可欠です」

馬の体は本来人を乗せるためにつくられたものではない

愛馬と向き合うための心構えについて
「馬は生き物ですから、毎回全く同じ状態ではないのです。機嫌がよくない日もあります。そんな時、今日は体調がまあまあとか、やる気がなさそうだから得意なことから始める、またはゆっくりしたウォークから始めるというように馬に応じた対応策があることもとても大切だと思っています。調教しているライダーが時間や周囲からのプレッシャーを感じず、馬にもプレッシャーを与えず、素直に地道にトレーニングを続けることが結局一番の近道です」

最後に日本のライダーの皆さんにアドバイスをお願いしました。

「私が生徒さんに常に言っているのは"馬に乗っている時は感情的にならないこと"ということです。時に、生活で嫌なことがあったりして、その怒りや悲しみを抱えたまま馬に乗っている人もいますが、それは絶対にうまくいきません。同じく馬が言うことを聞かないので怒りや恐れの感情を抱くこともあるでしょうが、同じくうまくいきません。状況は悪化するばかりです。馬に乗るときは、感情的にならないことがとても大切なのです。

そして、馬が背中に乗せてくれていることに感謝と尊敬の気持ちをもって乗ってください。馬は本来、人を乗せるため

につくられた体ではないことを常に意識し、馬の背中に乗せてくれて、コマンドに従ってくれる馬に対してありがたさを感じながら騎乗することを忘れないでください。そうすることで、テクニック以前に乗馬の技術が上がることは確実です。

そして何度でも言いますが、"馬が正しく反応してくれない場合は9割が私たちライダーのコマンドの出し方が間違っている"ことを忘れず、馬に毎回同じはっきりしたコマンドが出せているか自分を見直すことを心がけてください」

今回の短期集中連載の記事に合わせ、ヤコビンさんへのインタビュー動画をYouTubeチャンネルにアップしています。「リラックうま」で検索を！

インタビューの終わった後は、5歳のネルソンを調教。北海道と緯度が同じくらいのオランダはすでに寒い毎日ですが、こうして何頭もの馬を調教しています。

小林美沙希　オランダにて43歳で乗馬を始め、現在は4歳のサラブレッド、アキラのオーナー。YouTubeチャンネル、「リラックうま」では、オランダの乗馬事情を配信開始。[リラックうま]で検索！

Column
ドレッサージュの名馬たち

3回にわたり当コラムの監修を務めた藤巻総吉さんが、これまで見てきたなかから「すごい！」と感動したドレッサージュの名馬をあげてもらった。最初に名前があがったのは、歴史的名馬トティラス。そしてヴァレグロ、ゲスティオン・ボンファイアと続いた。

監修＝ 藤巻総吉（Fujimaki Sokichi ドイツマイスター）　レポート＝ 編集部

究極まで肢が上がる馬「トト」こと名馬トティラス

トティラスは、2006年から2011年までムーアランドトティラス（MOORLANDS TOTILAS）として知られ、「トト」の愛称で呼ばれた。

オランダのウォームブラッド（KWPN）の牡馬。ドレッサージュで90点以上を獲得した最初の馬だ。ヨーロッパ選手権や世界選手権で圧倒的な演技を披露した。

前肢が上がるさまがとても素晴らしく、エドワード・ガル（Edward Gal）が騎乗し2009年イギリス・ウィンザーで開催されたヨーロッパ選手権のグランプリ・フリースタイルで当時、前人未到の90%越えを達成した。

トティラス＆エドワード・ガルのコンビは2010年アメリカ・ケンタッキー州レキシントンで行われた世界選手権で3種目優勝を果たし、グランプリ・フリースタイルで91.800を叩き出した。

トティラスはスパースター的存在で、姿を見せるだけで歓声が湧き起こるほど。すべての動きが絵になる名馬だった。2020年没。

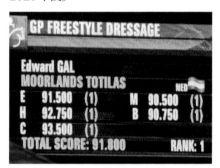

スコア91.800。写真＝岡崎千賀子（c3.photography）

2010年世界選手権。写真＝岡崎千賀子（c3.photography）

2009年ヨーロッパ選手権。写真＝岡崎千賀子（c3.photography）

2010年世界選手権。写真＝岡崎千賀子（c3.photography）

Totilas

トティラス

生年 2000年5月23日
没年 2020年12月14日（20歳）
ダッチウォームブラッド　青毛　牡馬

トティラスの主な戦績

◉世界選手権
　2005年：バーデン5歳馬の決勝4位
◉オランダ選手権
　2009年：エルメロ　インドアグランプリ優勝
　2009年：デスティーグ　アウトドアグランプリ優勝
◉国際大会
　2007年：スハイク　セントジョージ優勝
　2007年：エメロールト　セントジョージ優勝
　2008年：アムステルダム　インターメディエイトI優勝、インターメディエイトIフリースタイル優勝
　2008年：スヴォレ　セントジョージ優勝、インターメディエイトフリースタイル優勝
　2008年：フールテン　セントジョージ優勝
　2008年：スハイク　セントジョージ優勝
　2008年：エトン・ルール　セントジョージ優勝
　2008年：アウトドア・ヘルダーラント　セントジョージ優勝、インターメディエイトIフリースタイル優勝
　2008年：ロッテルダム　セントジョージ優勝、インターメディエイトIフリースタイル優勝
　2008年：アーケン　セントジョージ優勝、インターメディエイトI優勝
　2008年：フリンジ　セントジョージ優勝、インターメディエイトI優勝
　2008年：ヘンゲロ　グランプリ優勝
　2009年：スヴォレ　グランプリ優勝
　2009年：デスティーグ　オランダCSグランプリ優勝（77.06％）、スペシャル優勝（80.41％）、フリーS優勝（86.70％）
　2009年：ロッテルダム　個人と団体優勝（79.14％）
　2009年：ウィンザーヨーロッパCS　グランプリ優勝、世界記録84.05％樹立
　2009年：ウィンザーヨーロッパCS　スペシャル2位
　2009年：ウィンザーヨーロッパCS　フリースタイル優勝、世界記録90.70％樹立
　2010年：ケンタッキーFEIワールドドレッサージュCS　グランプリスペシャル85.70％
　2010年：ケンタッキーFEIワールドドレッサージュ個人CS　グランプリフリースタイル91.80％

2010年世界選手権。写真＝岡崎千賀子（c3.photography）

地元のロンドンオリンピックで強さを見せたレコードセッター

イギリスのシャーロット・デュジャルダン（Charlotte Dujardin）がドレッサージュで騎乗したセン馬。2012年のロンドンオリンピックにイギリス代表として、出場し団体金メダルを獲得し、スコア90.089％で個人金メダルも獲得。

2013年、ロンドンのオリンピアホースショーでは、グランプリフリースタイルで、93.975％の世界新記録を樹立。

2014年の同でホースショーでは、グランプリフリースタイルで94.3％を叩き出し再び世界記録を塗り替え、グランプリでも世界記録87.46％を樹立した。

2016年リオデジャネイロオリンピックのドレッサージュ個人で、93.857％で金メダルに輝いた。同年引退が決まり、年末のオリンピアホースショーで引退式が行われた。

Valegro
ヴァレグロ
生年2002年7月5日（2024年で22歳）
ダッチウォームブラッド　青鹿毛　セン馬

ヴァレグロの主な戦績

2011年	ロッテルダム　ヨーロッパ馬術CS団体金メダル
2012年	ロンドンオリンピック個人金メダル・団体金メダル
2013年	ヘアニング　ヨーロッパ馬術CS個人金メダル、団体銅メダル
2014年	ノルマンディー　世界馬術CS個人金メダル、団体銀メダル
2015年	アーヘン　ヨーロッパ馬術CS個人金メダル、団体銅メダル
2016年	リオデジャネイロオリンピック個人金メダル、団体銀メダル

ヴァレグロ。写真＝イギリス乗馬倶楽部

世紀末シドニーで有終の美
世界を魅了したボンファイア

オランダのアンキー・ファン・グルンスヴェン（Anky van Grunsven）がドレッサージュで騎乗したオルデンブルグのセン馬がゲスティオン・ボンファイア。

気性が荒いことで知られていたが、歳を重ねるにつれて穏やかになってきた。ピアッフェやパッサージュなどの高度な技が得意だった。

最後のパフォーマンスは2000年のシドニーオリンピック。そこで念願の金メダル（個人）に輝いて、有終の美を飾った。

2005年には、アンキーの故郷オランダのエルプに銅像が建った。2013年没。

ゲスティオン・ボンファイアの主な戦績

- ◉オランダCS
  1991～1998年、2000年：金メダル
- ◉ヨーロッパCS
  1991年：個人5位、団体銅メダル
  1995年：個人銀メダル、団体銅メダル
  1997年：個人銀メダル、団体銀メダル
  1999年：個人金メダル、団体銀メダル
- ◉ワールドカップ
  1995～1997年、1999～2000年：金メダル
  1998年：銀メダル
- ◉世界CS
  1994年：個人金メダル、団体銀メダル
  1998年：個人銀メダル、団体銀メダル
- ◉オリンピック夏季大会
  1992年：個人4位、団体銀メダル
  1996年：個人銀メダル、団体銀メダル
  2000年：個人金メダル、団体銀メダル

オランダのエルプに建つ、ゲスティオン・ボンファイアの銅像。
©FaceMePLS　クリエイティブ・コモンズ・ライセンス（表示2.0国際）【https://creativecommons.org/licenses/by/2.0/deed.en】

Gestion Bonfire
ゲスティオン・ボンファイア　生年1983年3月21日　没年2013年10月28日（30歳）
オルデンブルグ　鹿毛　セン馬

Back Number

『馬ライフ』バックナンバー

バックナンバー料金
（送料1冊100円、2冊以上無料）

2022年第3号まで 1冊1,100円（税込）

2022年第4号から 1冊1,265円（税込）

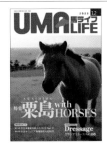

2023年第12号

【特集】粟島特集
・粟島現地ルポ／・義経と粟島馬の伝説
・粟島馬絶滅後に残された一枚の絵
・楠公銅像の馬は粟島馬なのか?
・馬を用いた「命の教育」しおかぜ留学
【短期集中連載】グランプリホースへの道（全3回）
２ 基礎トレーニング／ドレッサージュ技と符号の謎
【競技会レポート】
・第75回全日本障害馬術大会2023 PartII
・第40回全日本ジュニア馬場馬術大会2023
【UMAMIMI情報局】
・モンゴル旅行記／・ESJドレッサージュセミナー
・寒川神社流鏑馬神事／・相馬野馬追写真集

2023年第11号

【特集】秋はボクらのHORSE DAYS！
・2023年秋の乗馬スポット&乗馬用品ガイド
【短期集中連載】
Dressageグランプリホースへの道（全3回）
1ドレッサージュホースのポテンシャルとは?
【競技会レポート】
・第47回全日本ジュニア障害馬術大会2023
・第44回全日本ジュニア総合馬術大会2023
CCI2*-S Yamanashi
【Horse Cultures Beyond Borders】
英国Jr. サマーキャンプ　イギリス乗馬倶楽部
【UMAMIMI情報局】・ホースボール西島隆史さん
・井ノ岡トレーニングセンター／・2023年神田祭

2023年第10号

【特集】SOMA NOMAOI馬の背に祈りを乗せて—
Prologue&MAP／10世紀-20世紀／
21世紀、そして2011年3月11日／
祭り前夜／出陣／宵乗り／本祭り／野馬懸／
未来へ
【競技会レポート】
・第57回 全日本高等学校馬術競技大会
・第75回 全日本馬場馬術大会2023 PartII
【UMAMIMI情報局】
・スペシャルオリンピックスWGの馬術競技
・インドアアリーナオープン! ESJ飯田本校
・第105期騎手候補生と本橋孝太騎手
地方競馬教養センター

2023年第9号

【海外特集】Riding! to Over Seas!
・イギリス/ロンドンからの日帰りコース!
・イタリア/イタリア・トスカーナの乗馬旅
・スペイン/アンダルシアンの生産牧場
・フランス/シャンティイ城で優雅な馬体験
・キルギス/シルクロードの国で乗馬の旅
【大会REPORT】
第15回ジャパンホースフェスティバル
＋RRC（引退競走馬杯）山梨大会
【UMAMIMI情報局】
・筑波スカイラインスティープル スタークソックス
・立命館大学体育会馬術部講習会／・馬事学院
・東北ウエスタンライディングホースショー

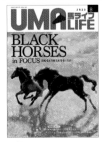

2023年第8号

【特集】BLACK HORSES in FOCUS
・黒のGⅠ馬たち
・黒馬礼賛～降雨祈願の神馬～
・キャヴァリー・ブラック
・ロイズ・バンクのCMで活躍する黒い馬たち
・ブラック・ビューティ『黒馬物語』の周辺
【UMAMIMI情報局】
・第34回那須グランドホースショー
・アドベンチャーワールド
・藤沢乗馬クラブ創立50周年!
【競技会レポート】
第44回全日本ヤング総合馬術大会2023
CCI2*-L Yamanashi 杭州アジア大会選考競技

2023年第7号

【特集】暑さに備えて! 馬の健康ミッション!
・アロマテラピー＆ハーブケア
・ハーブ＆サプリメント
・獣医師さん開発アイテムを使った夏の馬ケア!
【競技会レポート】・第20回 桜流鏑
・十和田乗馬倶楽部・上村鮎子さん
・CCI2*-L Miki 2023
【UMAMIMI情報局】・BafunYasai TCC CAFE
・全国中学校馬術交流戦
・矢巾町"チャグチャグ馬コ"パレード
・日本在来馬オンラインイベント
【Horse Cultures Beyond Borders】オランダ
馬の背中から見える世界　小林美沙希

2023年第6号

【特集】甲斐駒の物語　1馬の国、甲斐の国
2甲斐駒の姿を求めて 3信玄公、栄光の風林火山
4悍馬思想 5未来の甲斐駒
【ミニ企画】関西馬具ショップでいいもの発見!
中江物産／ライトスポーツ・ルウム／
HORSE LOVER kc.
【レポート】・鈴鹿ホースパークでの馬術大会
・北勢ライディングファーム代表 中村 勇さん
【UMAMIMI情報局】・純血アラブの北海道WWRC
・馬場馬術選手会主催 オリンピアンの講習会
・乗馬で子どもたちと真剣勝負! 宇佐美光昭さん
【Horse Cultures Beyond Borders】アメリカ
モンタナの春　青木賢至

2023年第5号

【特集】春はのんびりポカポカ乗馬
・この春行きたい乗馬スポット
・乗馬ファッション・グッズ
【特別企画】馬頭観音をめぐる物語
・江東馬頭観世音菩薩大祭／・上岡馬頭観音
・田の観音様／・オランダ観音
【UMAMIMI情報局】
・ヘレナ国際乗馬倶楽部／・増山久佳さん
・オリンピッククラブ宝馬の貸与大会
・出会いが人生を変える—宮路夫妻の軌跡
【連載最終回】
・マジック先生の目が「10（テン）! レッスン
軽いシートをより活かす「駈歩」永岡幸子

価格改定後も据え置き!
定期購読なら、かなりお得です!

定期購読料金
（送料無料）
1年間（12冊）12,000円（税込）
2年間（24冊）22,000円（税込）

定期購読いただいた方への特典

「馬ライフオリジナル A5ノート」プレゼント!

『馬ライフ』定期購読の新規お申し込みの方全員に、「馬ライフオリジナルA5ノート」をプレゼントいたします。

どちらからでも使えるリバーシブル

ご購入方法（バックナンバー、定期購読）

①本誌とじ込みハガキでお申し込みください。

②お支払い方法は、2種類あります。
【銀行振込の場合】
東日本銀行　板橋駅前支店
当座　1200079　（株）メトロポリタンプレス
（お振込手数料をご負担ください。）

【郵便局振込の場合】
払込取扱票を後日送付いたします。
必要事項をご記入の上、お振り込みください。
（お振込手数料は現金の場合のみ110円掛かります。）

③ご入金を確認後、商品を発送いたします。

●バックナンバー、定期購読についてのお問い合わせ
株式会社メトロポリタンプレス　受付時間：月～金 9:30～17:30（土日祝日は除く）　tel：03-5918-8461　e-mail：sales@metpress.co.jp

ジャッジが語る「馬」「ライダー」「ショーイング」

Judge's eyes 前編

AQHA Specialized Judge　トレーシー・ハタケヤマさん

ルーキーからプロライダーまで勝利のトロフィーバックルを求めて競う米国のアリーナで、ジャッジの目は何を追い、判定を下すのか？ ウエスタン馬術のベテランジャッジが語る審査の内側を前後編に分けてお届けする。

レポート＝ 桜井美貴子　　通訳＝ ウェスリー・ハタケヤマ　　　　写真＝ Courtesy of The American Quarter Horse Journal

　ウエスタン馬術の本場米国には品種別、競技別にさまざまな協会・団体があり、それぞれに公認ジャッジ制度がある。ジャッジ歴40年のキャリアをもつトレーシー・ハタケヤマさんは現在、会員数23万人以上を誇るアメリカン・クォーターホースの品種協会である「AQHA」、伝統的なヴァクエロ馬術※の流れを組む「NRCHA」のジャッジカードをもつ。

　今回、米国テキサス州フォートワースの大会に滞在中のトレーシーさんに、仕事の合間を縫ってオンラインでインタビューに応じていただいた。

ジャッジとしての楽しみは馬とライダーの成長を見ること

──年間での大会数も多く、大きな大会になると2週間以上会場に詰めることになります。かなりハードな仕事ですね。

「実はあまり仕事をしているという意識がないんです（笑）。もちろんちゃんと真剣に仕事はやっていますよ。ジャッジの仕事は大会に出場する馬やライダーの成長を見続けることができます。これが私にとって大きな楽しみなのです。たと

※ヴァクエロ馬術（Vaquero horsemanship）とは、スペイン語圏で生まれ、米国で牛飼いを中心とした牧場で働く人々により発展してきた乗馬術。スペイン語の「vaquero」を英語に訳すと「cowboy」。

えばAQHAの場合、レベル1のノービスクラスのライダーやユースの子どもたちが大会に出場し続けることによって、審査結果から失敗や課題を学び、馬とともに確実にレベルアップしていく。それから成長してプロのトレーナーになった子どもたちにも再会します。40年もやっていますから（笑）。そういう少年少女たちの成長、進化を見ることはジャッジとして非常に嬉しいことです。だから忙しくハードなスケジュールも苦になりません。楽しみややりがいが勝ります」

──人馬のレベルアップの話が出ましたがライダーの技術と馬の完成度、ジャッジが重要視するのはどちらですか？

「ウエスタン馬術では馬の完成度です。マナーを含めてよい調教をされているか、ライダーの指示に対してどういう反応するのか、それを重視します。たとえばワーキングクラスのランチライディング。これは牧場での馬の仕事をシミュレートしたもので、3種の歩様や方向転換、リードチェンジ、ストップ、バック、360度以上のスピンなどがパターンに組み込まれています。私はこの競技では、『自分が牧場でこの馬に乗って1日中仕事をしたいか？』という視点で馬の動きを審査します。ライダーの指示に対して反抗や拒否

がなく、作業しやすいスムーズな歩様か。ボイスキューに耳が反応し、自ら周囲の状況を見ながら生き生きとした表情でライダーが示した方向に進んでいくか。つまりはライダーと馬がチームを組んで、コミュニケーションを取りながら動いているかということが、とても重要になります」

審査のキーとなるのはチームワークと馬のマナー

──人馬のチームワークやコミュニケーションをどのように点数化するのですか？

「たとえばライダーが馬のガイドをミスしても、馬が修正して正しい動きをしてくれたとしましょう。ジャッジは馬がガイドに従わず勝手にやった点について減点するかといえばしないでしょう。アベレージ以上のできならばプラス1/2はつける。でも指示に従わなかったのでプラス1はつけられない。そういう見方をします。スコアは低くなるけれど、チームとしてはできたという評価です。けれど、このプラス1と1/2の違いは非常に大きい。ライダーは自分がガイドミスしたことを自覚できないといけません。

　馬が勝手にやった場合、大事なのはチームワークが見えることです。ライダーがリードチェンジを馬に求めるけれど、指

ショーアリーナにて。「人間と同じように成長の早い馬もいれば遅い馬もいます。馬をファミリーとして考えることが大事」

トレーシー・ハタケヤマ (Tracey Hatakeyama) さん
1961年生まれ。米国カリフォルニア州サンルイスオビスポ出身。カリフォルニア工科州立大学卒。20代からジャッジを経験し、各馬事団体のジャッジ資格を取得。またAQHAリングスチュワード、ショースチュワードの資格ももち、ジャッジスキルを磨く努力を怠らない。幼い頃からウエスタン、ブリティッシュ両方の馬術に親しみ、カリフォルニア州アタスカデロの自宅には趣味で集めた古い馬具が並ぶ。家族は夫、娘、息子。夫のウェスリー・ハタケヤマ氏はAQHA国際委員を長く務める。現在は日本でもクォーターホースのプロモーション、サラブレッドのリトレーニング方法などのクリニックを開催する。

■ジャッジ資格
AQHA／スペシャライズド・ジャッジ (ランチホース、カウホース、スピードイベント)、NRCHA／2Aジャッジ

日本でも "北海道サマースライド2019" でジャッジを務めた。

示が曖昧で馬に伝わらない。指示が繰り返されて、ようやく馬が理解して最終的にチェンジをする。大会でもユースやアマチュアのクラスではこういうシーンがよくありますが、ジャッジは馬の動きを最後まで見届けて、チームとして正しくチェンジしたかどうかで判断します。いい馬はライダーを助けてくれるのです」

──人馬のチームワーク以外では、どんなところが審査の対象になりますか？

「マナーがいい馬か悪い馬かを見ます。その違いはアリーナに入場した時点でわかります。マナーがいい馬は耳を前に向け自信をもって動き、アリーナにいることに対して、不安や不快感を表しません。ジャッジに「この馬はここにいてハッピーなんだな」と感じさせる馬です。マナーが悪い馬はその逆で、耳を伏せたりハミをガチャガチャさせたりして、落

「いい馬」の実例。注意を払いながら生き生きと丸太を越えている。写真＝Courtesy of The American Quarter Horse Journal

ち着きのなさやここにいたくないという態度を見せる。走行中はスピンの指示を入れるライダーの足を噛もうとしたり、リードチェンジの時に後肢を蹴り上げたり尻尾を過剰に振り回したりして、脚の指示に反抗します。このようにマナーの悪い馬だと、たとえばすごく速く正確にサークルを描くとか、難易度の高い演技をしてもスコアはプラス1/2、マナーが本当にひどかったら、0。いずれにしてもプラス1は与えられません。ライダーの指示に従順でチームワークでショーイングができる馬と、カリカリして、全然ハッピー感がない馬とではスコアがかわってくるのです」

オーバーワークはNo good 馬とのよい関係を築くには

──人馬がいいパフォーマンスをするために、会場入りしてからできることはありますか？

「ホームと同じことをして、馬をリラックスさせることです。違う場所で新しいことをすると、馬は緊張してしまいます。だから練習時間も変えるべきではないと思います。ライダーが自分の緊張や不安を解消するために少しでも長く乗っていたいとしても、ホームの練習時間よりも15分、最長でも30分オーバーくらい

でやめておいたほうがいいと思います。馬のピークパフォーマンスのレベルを超えてしまうと、アリーナでスピンしなくなったり走らなくなったりして、ショーイングが馬にとって楽しくないことになってしまうのです。私はそういう馬をたくさん見ています。オーバーワークは馬にとってパニッシュメントです。馬は感情をもっています。人間の罰が怖いし、怒られたくない。だから懸命にライダーの指示に従おうとしているのに、必要以上に怒られたり、オーバーワークを強いられたりすることが続くと、結果的にネガティブな記憶が積み重なってマインドがよくない方向に行ってしまいます」

──ライダーは馬にとってどういう存在であるべきでしょうか？

「馬のよきリーダーであること。馬の動きを冷静に読んで、指示を正確に伝えられるライダーがよいリーダーだと思います。そしてグッドジョブは褒めてあげること。私の愛馬は、大会に出たあとにご褒美でもらえるトリートが大好物です。それから調教の段階から馬が指示通りにできたら、ちゃんと褒めることも大事です。馬に褒められるということを教えていくのです。そういうことの積み重ねがマナーのいい馬を育てていくと思います」

※次号「後編」へ続く

第44回キャロットステークス

2023年9月30日㈯〜10月1日㈰ 御殿場市馬術・スポーツセンター（静岡県）

主催：日本社会人団体馬術連盟

乗馬者の裾野拡大のために、初級者から上級者まで、多様な競技が設定されたユニークな大会が今年も開催された。
たくさんの競技と多くの参加者で賑わった競技会のシーンを、ほんの一部だがお届けする。

レポート＝岡崎千賀子　写真＝c3.photography（後藤洋介・石栗里美）　　　※選手名敬称略

たくさんの笑顔が並ぶ表彰式。キャロットステークスならではの初級者から上級者まで楽しめる多様な種目を勝ち抜いて、ここに立つ選手たちは皆誇らしげだ。

さまざまな種目があるから参加しやすい競技会

キャロットステークスは、日本社会人団体馬術連盟および加盟団体による社会貢献活動の一環として開催される競技会であり、今大会で44回目を迎えた。日本社会人団体馬術連盟が目指している大きな目的のひとつに、乗馬者の裾野の拡大があり、広く乗馬愛好者が対象となっている。

障害飛越競技は小障害60cmから100cm、ビギナーズジャンプ、ジムカーナ。馬場馬術競技は第2課目・第3課目など。全38競技が2日間で行われた。

難易度を変えたクラスが設定されており、参加者は自己のレベルに合った競技種目に出場。日頃の練習の成果を発表する場となる本大会は、今年もたくさんの参加者で賑わった。

メイン競技となるTOPPANエッジ杯JBGキャロット選手権（障害）とJBGキャロット選手権（馬場）第3課目Aは団体戦も実施。

障害飛越競技を優勝したのは、TOPPANエッジ㈱馬術部。2位が皇宮警察本部で、3位にはSOMPOホールディングス馬術部となった。また、個人優勝は、新納力也＆アユツリオヤジ。2位が太田優海

新納力也＆アユツリオヤジは、TOPPANエッジ杯JBGキャロット選手権（障害）優勝、同選手権（馬場）第3課目Aでも2位と活躍。

&BBトルネードで、3位には若島恵介＆グレートバルサーが入った。

馬場馬術競技で団体優勝を果たしたのは、TOPPAN エッジ㈱馬術部。2位が日本アイ・ビー・エム㈱馬術部で、3位にはSOMPOホールディングス馬術部となった。また、個人優勝は、服部なな＆グッドフェラー。2位が新納力也＆アユツリオヤジで、3位には原田みなみ＆バンタレイが入った。

多くのスポンサーに支えられて

本年も多くのスポンサーから応援があって開催されたキャロットステークス。例年通り、豪華な賞品が並んだ。暖かいスポンサーの支援に感謝し、参加者に喜んでもらえた大会にできたことに主催者から感謝の意が表された。

弊誌『馬ライフ』も、例年通り、年間購読ができる「『馬ライフ』1年分の無料購読券」の賞品を提供。ビギナーズジャンプの3位までの選手が獲得した。

ビギナーズジャンプは垂直ハードル50cm以下、分速325m（規定タイムは定めず）、障害8個以内、連続障害なしのローカルルールで行われた。基準タイム制で3反抗失権となり、基準タイムに近い人馬が優勝となる。

優勝は福村真央＆デスティニー（岡本ライディングクラブ）。障害減点4となったが基準タイムとの差

TOPPAN エッジ杯 JBG キャロット選手権（障害）

個人戦表彰。左から3位 若島恵介、優勝 新納力也＆アユツリオヤジ、2位 太田優海＆BBトルネード。

JBG キャロット選手権（馬場）第3課目A

個人戦表彰。左から2位 新納力也、優勝 服部なな、3位 原田みなみ。太田優海、若島恵介。

は1.16秒となり他の選手を圧倒し優勝した。2位は藤井裕久＆エルベート（ホースファーム エルミオーレ茨城）、3位は宇野明子＆珠之助（乗馬クラブ・アップリケ牧場）が入った。

初級者から上級者まで、幅広い選手層が安全に楽しめるキャロットステークスを通して、着実にステップアップし、新たな挑戦をくり返していく。そんな選手たちの真剣に騎乗する姿や笑顔などが、多様に設定された競技を通じて今後も見られるに違いない。

ビギナーズジャンプ

左写真は優勝した福村真央＆デスティニー、中上写真は2位 藤井裕久＆エルベート、その下は3位 宇野明子＆珠之助。右写真の表彰台では『馬ライフ』を手に記念撮影。

第75回 国民体育大会（特別国民体育大会 馬術競技会）

「燃ゆる感動かごしま国体」

2023年10月11日㈬〜15日㈰ 霧島市牧園特設馬術競技場（鹿児島県）

5日間にわたって繰り広げられた国体馬術の23競技。鹿児島県チームは勝利が期待される開催県としてのプレッシャーを跳ね除け、全選手が入賞を果たす快挙を達成！ 燃ゆる鹿児島県チームに地元が沸いた。

レポート＝岡崎千賀子・吉田忍　写真＝c3.photography（chicaco okazaki / 後藤洋介）　※選手名敬称略

全員入賞の快挙を達成した鹿児島県チームの皆さん。「最高の大会だった」と口々に喜びを語った。

スローガンは「熱い鼓動 風は南から」。開催県鹿児島チームが全員で風をおこす！

2020年に開催される予定だった第75回国民体育大会「燃ゆる感動かごしま国体・かごしま大会」は、新型コロナウイルス感染症の影響により、特別国民体育大会（かごしま大会は特別全国障害者スポーツ大会）として今年2023年10月に開催された。

51年前の1972（昭和47）年に鹿児島県で開催された第27回国民体育大会「太陽国体」では、「明るく たくましく うるわしく」のスローガンが謳われていた。当時、国分市で開催された馬術競技は、

中障害飛越で地元鹿児島県人馬が1、2位を独占するなど、多くの鹿児島県勢が活躍した。また、1976〜1992年にかけて、モントリオール（カナダ）、ロサンゼルス（アメリカ）、バルセロナ（スペイン）の各オリンピックに出場し、2004年のアテネから2021年のTOKYO2020オリンピックまで監督を務めた京都府の故・東良弘一氏も大障害飛越競技で活躍した大会だった。

それから半世紀を経て行われた今大会では、世界有数の活火山である桜島や明治維新を成し遂げた偉人に象徴される熱く情熱的な鹿児島の地を舞台に、アスリートたちの熱気あふれるパフォーマンスと県民の心のこもったおもてなしとで、熱く燃えるような感動を呼び起こすという趣旨から「燃ゆる感動かごしま国体」という大会の愛称になった。スローガンは、「熱い鼓動 風は南から」。熱戦を繰り広げるアスリートたちの熱い鼓動と会場に響きわたる歓声が、鹿児島から南の風に乗って全国に広がってほしいという思いが込められている。

馬術競技大会は、霧島市牧園特設馬術競技場で、10月11日から15日の5日間にわたり23競技が行われた。総合成績は地元鹿児島県が「天皇杯」（男女総合優勝）、兵庫県が「皇后杯」（女子総合優勝）に輝いた。鹿児島県は、初日と2日目は勢いに乗ることができず、兵庫県と接戦を繰り広げていたものの、最終的には底力を発揮して、天皇杯の男女総合優勝を勝ち取った。そして、全競技で鹿児島県入賞を果たす活躍で、多くの観客が歓喜に酔いしれた。

大会序盤の鹿児島県勢は、日高凱斗＆サー・ギャラントと村岡のぞみ＆クレオパトラが先陣を切る！

初日に行われた少年馬場馬術競技で、地元鹿児島県の日高凱斗＆サー・ギャラントが正確で躍動感あふれる演技を披露し、71.176％のハイスコアで優勝。勢いの波に乗りたかったが、波に乗ることができない鹿児島県チーム。

2日目の成年女子ダービー競技では、地元の村岡のぞみ＆クレオパトラを含め4人馬がジャンプオフ（JO）に進出。岡本果林＆ジゴロ（兵庫県）が32.91秒でゴール、広田思乃＆キャンベラZ（栃木県）が30.77秒で首位に立つ。村岡＆クレオパトラは3番手の走行。広田をさらに上回る29.76秒でゴールして優勝を決めた。

勝っていないわけではないが、取りこぼしが多いと感じていた鹿児島県チームは雰囲気がよくない。延期を余儀なくされて3年も待たされた地元開催は、観覧席が満席になるほどの盛況ぶりで、鹿児島県チームは緊張していた。その緊張をほぐし、縁の下からサポートし続けていたのが、鹿児島県勢の装蹄を担当していた城 寿文さんだった。出番前に声を掛け、人馬の気持ちをかき立て、鼓舞した。そうしているうちに、少年チーム自ら、「励ましてください」と城さんの元に歩み寄る。個々に気合を入れてもらって、競技に向かうという「いざ出番前詣で」が、恒例となった。

鹿児島県勢の先陣を切った日高凱斗＆サー・ギャラント。

成年女子 ダービー

優勝 村岡のぞみ＆
クレオパトラ
（鹿児島県）

少年 馬場馬術

優勝 日高凱斗＆サー・ギャラント（鹿児島県）

Equestrian Competition Report 馬術競技会レポート

徐々に調子が上向く鹿児島県勢、各競技で優勝者・入賞者が続々と名乗りを上げる！

3日目に入り、鹿児島県チームは徐々に雰囲気が上昇してきた。成年男子国体総合馬術で上村司＆パーシーが2位。少年リレー競技では上村汀＆アンテベルムと、高倉吾依＆プロスパー組が4位となり、確実に得点を重ねていく。

4日目には地元開催の力を発揮し、5競技中4競技で鹿児島県が優勝。少年自由演技馬場馬術競技で日高＆サー・ギャラントが2冠を達成。

そして、成年男子国体大障害飛越競技で村岡一孝＆エリオットⅥが1番手で走行し、減点0でゴール。後続の出場人馬は、減点0で走行できず、村岡の優勝が確定。

続いて成年女子トップスコア競

青年男子 国体総合馬術

2位 上村 司＆パーシー
（鹿児島県）

少年 リレー

4位 上村 汀＆アンテベルム＋高倉吾依＆プロスパー（鹿児島県）

技。トップスコア競技は、国体ならではの競技で、障害物ごとに決まった点数がつけられており、障害物を

クリアすると点数が加算されていく競技で、60秒以内に何点獲得できるかを競う。1,000点を超えることが入賞の目安と言われているものの、出番1番の古川芙三子＆ベン（福岡県）があっけなく1,060点でゴール。さらに2番手の原田いずみ＆ディナスティが1,410点の高得点を獲得。その後、この点数を超える人馬はおらず、原田＆ディナスティが優勝。

そして、4日目の最終競技は、少年ダービー競技。佐々木真平＆黒姫（長野県）と、原田璃空＆クレオ

パトラ（鹿児島県）がクリアラウンドし、一騎打ちのJOとなった。

先行した佐々木＆黒姫は攻めの走行をみせ、39.19秒でフィニッシュ。後攻の原田＆クレオパトラは、さらに攻めて佐々木のタイムを上回り37.12秒でゴールして優勝をもぎ取った。

各競技で鹿児島県が優勝を決めるたびに、観客の歓声も大きくなり、会場が一体となった雰囲気に包まれた。4日目を終えた時点で、地元の鹿児島県は、すでに「天皇杯」獲得を決めた。

成年男子 国体大障害飛越

優勝 村岡一孝＆エリオットⅥ（鹿児島県）

成年女子 ダービー

優勝 原田いずみ＆ディナスティ（鹿児島県）

少年 ダービー

優勝 原田璃空＆クレオパトラ（鹿児島県）

鹿児島県から出場した代表選手全員が入賞を達成！大きな風をおこしたチーム鹿児島！

最終日は少年トップスコア競技で上村 汀＆パーシー（鹿児島県）が優勝。出番が早い落合希美＆レンテリヒト（愛知県）が1,350点を獲得して首位をキープしていたが、満を持して最終出番で出場した上村＆パーシーが、1,370点を出して逆転優勝を決めた。

上村 汀が優勝を決めた直後、母親の上村まゆみは成年女子自由演技馬場馬術競技で演技を始めるタイミングだった。息子の優勝が、母親を奮い立たせた。

「入場する前に、『汀が勝ったよ、勝ったからね』と、教えてくれたので、攻めた演技をしました」

自分だけ得点を獲得していないと気にしていた上村まゆみは、見事に8位入賞を果たして安堵した。この入賞によって、鹿児島県代表の全選手が入賞を果たす快挙となった。家族での優勝は、村岡一孝とのぞみ夫妻、原田いずみと璃空の母子が達成した。

少年 トップスコア

優勝 上村 汀＆パーシー（鹿児島県）

成年男子 トップスコア

6位 深水伸平＆エリオットⅥ（鹿児島県）

成年男子 馬場馬術

10位 上村利幸＆デミーロ（鹿児島県）

成年女子 自由演技馬場馬術

8位 上村まゆみ＆デミーロ（鹿児島県）

大会での鹿児島県勢の戦いを、選手自らそれぞれにふり返る

鹿児島県勢の活躍を担った選手たちに、それぞれの感想を伺った。

成年男子 国体大障害飛越 優勝
村岡一孝
「今回、力をすべて出しきることができたし、精一杯に走行できたので、清々しい気持ちです」

成年女子 ダービー 優勝
村岡のぞみ
「なんとか鹿児島県代表のみんなで頑張ろうと、チームが一丸となって競技を迎えられたことが、まずは一番嬉しかったです。そして、最終日の結果を見たら、全員が入賞しました。それが最高ですね」

少年ダービー競技 優勝
原田璃空
「最後の競技なので、全力で楽しんでいこうというような気持ちで挑みました」

JOの一騎打ちは、皆の心に残る走行になった。

成年女子トップスコア 優勝
原田いずみ
「鹿児島県に勢いをつけたい初日の早いタイミングで、高得点を狙えるはずだった『成年女子 二段階障害飛越』を、自分の判断ミスからゼロ点に終わらせたことで、ムードを落としてしまったのが申し訳ない気持ちでした。どうにかムードを取り戻そうと思い、『成年女子 トップスコア』は、悔いなくやるしかないと思っていました。結果につながってホッとしました。よかったです」

初日と2日目で波に乗れなかった鹿児島県チームが3日目で息を吹き返すきっかけをつくった高倉吾依は少年リレー競技で、上村 汀とともに出場して4位入賞を獲得。

「緊張というよりは、冷静に楽しむことができました」

この4位入賞によって鹿児島県チームの熱い魂が一つになって、出場する選手に声を掛け、全員でサポートする心が芽生えた。

最後は馬場馬術に選手としても出場した上村利幸監督

「もう最高の終わり方ですね。最高の大会でした。3年延びて本当にきつかったですが、優勝できてホッとしました。チームとして気持ちが下がったままの状態から上げていくのが大変な時期もありました。今年、強化を始めてからは、すごく気持ちも上がってきました。年齢に関係なくチームワークがすごくよかったと思います」

そして、運営に関った霧島市の人々をはじめ、ここまでサポートしてくれたすべての人に感謝した。

Equestrian Competition Report 馬術競技会レポート

栃木県の広田ファミリーなど、本誌でおなじみのライダーたちも活躍！

初日から鹿児島県と接戦を繰り広げていた兵庫県。稗田龍馬と奈緒子夫妻は、ともに馬場馬術競技で優勝し、兵庫県を引っ張っていた。

少年リレー競技では、「絶対に勝ちたい」と言っていた静岡県の浅川駿萬は、川村颯太へ繋ぐバトンタッチがスムーズにいき優勝した。

昨年の栃木国体では広田龍馬、思乃、大和の家族3人が「家族全員優勝！」を掲げたものの大和だけ5位入賞。大和にとって今回はリベンジの気持ちで挑んだ少年標準障害飛越競技だったが、見事に初優勝を成し遂げ、昨年の雪辱を果たした。

成年男子 馬場馬術

優勝 稗田龍馬＆
トレフィンガースタンレイ（兵庫県）

青年女子 馬場馬術

優勝 稗田奈緒子＆ファンタスティコ
（兵庫県）

少年 リレー

優勝 浅川 駿 萬＆ルーニー＋川村颯太＆ハーベスト（静岡県）

少年 スピードアンドハンディネス

少年 馬場馬術

少年 標準障害飛越

少年 二段階障害飛越

成年男子 ダービー

優勝 広田龍馬（ひろ　た　りゅう　ま）＆
キャンベラＺ
（栃木県）

少年 標準障害飛越

優勝 広田大和（ひろ　た　やまと）＆
ニック・オブ・タイム
（栃木県）

「国体」が進化する！ 次回からは「国スポ」！

今年も多くのドラマを見せてくれた国体。表彰式で、うるんだ瞳から流れ落ちる涙と皆の笑顔が眩しかった。

2024年から「国民体育大会」の名称が「国民スポーツ大会」に変わり、大会の略称も「国体」から「国スポ」へ変更となる。本来のスポーツがもつ「休養する、楽しむ、遊ぶ」というイメージへ転換を図る目的のもと変更されることとなった。

2024年は佐賀県での開催となるが、馬術競技は兵庫県の三木（み　き）ホースランドパークで行われる予定だ。

少年 リレー

青年男子 国体総合馬術

青年男子 団体障害飛越

少年 団体障害飛越

少年 トップスコア

青年女子 自由演技馬場馬術

Feature & Close-up

上村ファミリー勢揃い。左から、祖父の清和健二さん、父 上村利幸さん、長男 司さん、母 まゆみさん、次男 汀さん、そして祖母の清和 瞳さん。

延期の3年間がもたらした上村ファミリーの変化

地元鹿児島県で、家族4名が出場し注目された上村ファミリーの活躍と、その裏にあったプレッシャー

今回の馬術競技大会で注目を浴びたのが、家族4名が選手として出場した上村ファミリー。開催予定の3年前に鹿児島国体が行われていたら、出場資格がない次男の汀さんも、3年が経過し高校生になったことで、少年の出場資格を得た。成年男子には父の利幸さんと長男の司さん。成年女子は母のまゆみさんが出場した。

長男の司さんは現在ドイツで活動中で、杉谷泰造さんが師匠。本大会で大阪府代表として杉谷さんも出場し、師弟対決となった。成年男子ダービー競技は、司さんが3位、杉谷さんが10位、成年男子国体総合馬術（馬場馬術と障害飛越の2競技の合計得点で勝負が決まる）は、杉谷さんが優勝、司さんが2位に続き、師弟の実力を見せつけた結果となった。

司さんは地元の国体に出場できたことをふり返る。

「師匠の（杉谷）泰造さんを超えることはできなかったです。でも家族4人で出場できるのは最初で最後かもしれないので、無事に終わって楽しい思い出になったことが一番最高でした」

また、母のまゆみさんは最終日まで自分だけが入賞できていなかった。ポイントを獲得できずに、貢献していない悔しさが残っていた。最終日、鹿児島県に加点したいと臨んだ成年女子自由演技馬場馬術競技で8位入賞を果たした。その成年女子自由演技と同時間帯に少年トップスコア競技が行われており、次男の汀さんが最終出番で優勝。

「最初、安全策でいこうと決めていましたが、汀が勝ったので難しいところを攻めちゃいました」

笑いながら話すまゆみさんは、次男からパワーをもらったと回想した。

コロナ禍で大会が延期になり、鹿児島県チームはモチベーションが下がっていたと、まゆみさんは言う。3年前の開催だと汀さんは、年齢制限から出場資格がなかった。

「3年前に終わっておけばよかったのに」

汀さんがそう言うように、地元開催のプレッシャーはなかなかなもの。汀さんも今回それを味わった。

しかし、汀さんも参加できるようになり、息子二人が大会に向けて頑張っている姿は、まゆみさんのモチベーションを蘇らせた。

原田喜市（はらだ・きいち）さん（右）と、上村利幸さんとまゆみさんは同級生で、若い頃から切磋琢磨してきた。原田さんは鹿児島馬場馬術チームのコーチとして鹿児島県をサポートしてきた。

杉谷さん（手前）と司さん（直後）の師弟コンビ。「すごい緊張しています」と、競技中の司さん。師匠はまだ超えることはできなかったが、杉谷さんに続く2位となり最高の国体となった。

「子どもたちの頑張りに励まされてきました。それしかなかったですね。司は鹿児島にはいなかったのですが、泰造さんのもとでトレーニングを頑張っていたし、ボケッとしていられないと、気持ちをかき立てられました」

大会に向け何年も強化してきただけに、コロナ禍で延びた時は、がっかりしたというまゆみさん。

「ちょうど、愛馬とのコンビに光が見えてきたときだったので、一人でもやりたいという思いが強かったです」

まゆみさんは国体15回目の出場。過去に2段階飛越競技で優勝経験もあるが、今大会と向き合う日々が長く続いていた。

「本当に、何かが降りてくるんだなと思いました。開催県は勝たなきゃいけないプレッシャーがありながら、開催県の選手が勝っているので、みんなすごいなと思っていました。こうして本番を迎え、皆の活躍に本当にすごいなって実感しました」

全員が健康で大会を迎えられるようにするのが私の役割のひとつと語っていたまゆみさんも、皆のパワーに引きつけられ、成し遂げた。

鹿児島県の馬術競技最終日のインタビューでまゆみさんは涙を見せていた。長かった国体が無事に終わった安堵と、自身がやり切れたことや大会期間中に鹿児島県チームが団結できたことなど、さまざまな思いが走馬灯のごとく押し寄せた結果の涙だった。

REPORT 再開！JRA馬事公苑

REPORT 1 「JRA馬事公苑」竣工式典＆施設内覧会

REPORT 2 おかえり！ 馬事公苑オープニングイベント

写真（上）＝岡崎千賀子（c3.photography）
写真（下2枚）＝斉藤いづみ

「JRA馬事公苑」竣工式典 ＆施設内覧会

2023年10月23日㈪

熱かった"あの夏"から2年、TOKYO2020オリンピック・パラリンピックの馬術の会場となったJRA馬事公苑が、満を持してリニューアルオープンとなった。それに先立ち行われた竣工式典＆施設内覧会の模様をお届けする。

レポート・写真＝吉田忍・岡崎千賀子（c3.photography）

生まれ変わった馬事公苑が担う3つのテーマ

TOKYO2020オリンピック・パラリンピック競技大会の馬術競技の開催に伴い、2017年1月より休苑していた「JRA馬事公苑」において、11月3日㈮㈷のリニューアルオープンに先立ち、「JRA馬事公苑」竣工式典および施設内覧会が10月23日㈪に開催された。新しく生まれ変わった「JRA馬事公苑」のコンセプトは、「馬術の殿堂」「国際的な馬術競技場」「馬のいる緑豊かな都市公園」の3つがテーマだ。

日本中央競馬会の吉田正義理事長は、竣工式典の冒頭の挨拶で、「TOKYO2020オリンピック・パラリンピック競技大会における馬術競技場のレガシーを活かす」ことを宣言。

「生まれ変わった馬事公苑は、再び『馬術の殿堂』として、国内に限らず国際的な馬術大会の開催も視野に入れた活動を行うとともに、『馬のいる緑豊かな都市公園』として、周辺住民の方々をはじめ、皆さまに日ごろから親しまれ、愛される施設を目指します」と、ビジョンを掲げた。

馬術関係者なら誰もが知る「JRA馬事公苑」。1940年に東京・世田谷区に開設された。1982年に千葉県白井市に競馬学校が開校されるまでは騎手の養成機関としても機能を果たし、競馬と馬術が一体となった施設だった。

1964年の東京オリンピック競技大会の馬術競技においては、出場馬の厩舎と馬場馬術競技会場として世界のトップライダーやトップホースが集結した。大会終了後、馬術の中心として多くの競技会が開催されてきただけでなく、緑豊かで憩いの場として市民に愛されてきた

生まれ変わったJRA馬事公苑。広々として開放感がある。

厳かに執り行われた竣工式。左の写真から日本馬術連盟 千 玄室会長、全国乗馬倶楽部振興協会 武宮忠彦会長、日本中央競馬会 吉田正義理事長らが参列し、神道の形式に則って施設の今後の安全と繁栄を祈願した。

式典の挨拶に登壇した日本中央競馬会 吉田正義理事長。

乾杯の音頭は日本馬術連盟 千 玄室会長。

重鎮たちによる鏡開き。左から日本馬術連盟 千 玄室会長、全国乗馬倶楽部振興協会 武宮忠彦会長、JRA馬事公苑 甲田 啓苑長、日本馬術連盟 山内英樹顧問。

公苑である。

　吉田理事長は、機能を充実しリニューアルオープンとなる馬事公苑が、これから担っていくミッションについて、次のように続けた。

　「近い将来、国際基準を満たした施設として、国際的にトップクラスの馬事大会を開催し、TOKYO2020大会の意義をしっかりと『JRA馬事公苑』で受け継ぐことが大切な使命です。今後は週末を中心に、馬術大会をはじめ馬と親しめるイベントなどを数多く開催し、憩いの場の

「木づかいプロジェクト」として公苑内では伐採木が活用されている。内装材への利用もそのひとつ。

馬術競技会場は伝統的な洋式の建築が多いが、なかでもレンガを外装材に用いることが多い。馬事公苑では日本独自の製法の〈煉瓦〉をつくりあげ建物外観に用いた。

提供だけではなく、より親しんでいただける施設として、馬や馬術の魅力を思う存分に味わっていただき、高齢者や障がい者の方々にも乗馬を楽しんでいただけるような取り組みを関係団体と協力しながら実践していきたい。そして、訪れる多くの皆さまにハートフルなふれあいの場として利用してもらいたいです」

　「JRA馬事公苑」は、リニューアル工事前と同様に、「馬術の殿堂」として国内の馬事振興や乗馬普及の拠点として、さまざまな馬術競技会やイベントを開催するとともに、今後は「国際的な馬術競技場」としてオリンピックレガシーを活かした国際大会の開催が可能な馬術競技場を目指す。

　また、「馬のいる緑豊かな都市公園」として、周辺の方々や来苑者に憩いの場を提供し、皆が親しめる施設にしたいと

している。

木材の再利用にもこだわった「愛される馬事公苑」

　今回のリニューアル工事の合言葉は、「愛される馬事公苑」。馬と緑と人が協調するデザインを目指すとともに、SDGsの取り組みも実施。やむを得ず伐採された樹木は「木づかいプロジェクト」と称して、外部空間での再利用だけでなく、樹種ごとに分類した小さな木片を集め、建物内に人々が触れられる「新しい森」を構築。各施設の内装材・家具材やツリーハウスのほか、クロスカントリーエリアの飛越障害の材料としても再利用されている。

　ほかに、緑の保存と再生活動として樹木を移植するほか、八重桜を新技術で再生、復興五輪のシンボルとなった福

武蔵野自然林にはフォレストパス（左写真）やツリーハウス（右写真）がつくられた。

メインアリーナ。

オリンピック、パラリンピックで使用された馬場。写真はパラリンピックでのメインアリーナの様子。

総合馬術で使われるクロスカントリーエリア。

島の新種桜「はるか」を育て始めるなど、都市空間の森を未来へとつないでいく。

　TOKYO2020大会で使用された「メインアリーナ（TOKYO2020メモリアル）」は、大会を機にオランダから輸入した国際大会基準の馬場砂を客席から見ら

れ、馬術競技時の馬の息遣いを間近に感じられるよう観客席を縮小した。

　隣接する「メインオフィス」は、同大会時にVIPエリアと高額チケット購入者ラウンジや運営本部のほか、ボランティアセンターとして使用されたものを一新。

1階には「ホースギャラリー」と「ホースシミュレーター」を新設。馬や馬術に関わるさまざまな書籍や映像が観られるライブラリーとカフェスタンドやキッズコーナーを併設し、本格的な馬術競技がバーチャル体験で味わうことができる。

バリアフリーが進み、アクセシビリティが充実した馬事公苑。

ホースシミュレーターは来苑者が実際に乗ることができる。

馬の診療所（業務エリアにつき、一般来苑者は立入不可）。

メインオフィスには子ども用のトイレも完備。馬の絵が描かれている。

メインオフィス入口を入りエントランスホールを抜けるとホースギャラリーがある。馬事公苑の歴史や施設の紹介の映像が流れたり、馬や馬術の書籍の閲覧ができ楽しめるスペースとなっている。

メインアリーナ横の「彩のこみち」はくつろぎの空間に。

インドアアリーナ。

2階には公園が見渡せるテラス席で食事を楽しむことができるレストランも開業された。

馬術観戦が楽しくなる
美しいインドアアリーナ

また、屋内練習馬場や選手用のラウンジ、ロッカー、医務室、ドーピング検査室などで使用された「インドアアリーナ」は、観覧席などを設け、競技場として改装された。厩舎から隣接している「インドアアリーナ」の扉を通り抜けると、天井面から奥の観客席3階上部の窓までを弓状に曲線が描かれ、伸びやかな空間となっている。設計を担当した山下設計のチーフアーキテクト兼瀬勝也さんは説明する。

「この天井は、競技馬が屋内馬場へ入った時に、外の開放的な空間から閉鎖的な室内空間へ環境が変わったことに驚かないでいられる空間演出を施しています」

従来の競技場にはない、屋内の天井面を弓状のパネルが観客席の3階までダイナミックに施され、繊細な表情を併せもち、ボリュームある競技場を居心地のよい、優しくて軽やかに持ち上げて解放感を与えている。この空間演出は、競技馬が最高のパフォーマンスを披露できることを想定して設計されている。

多くの来苑者がのんびりできる
「はらっぱ広場」

正門を入って正面に、広大な芝生が開ける「はらっぱ広場」が登場した。1964年の東京オリンピック時には馬場馬術競技が行われた芝馬場だった場所だ。広場には馬の力強い絆や世代間の繋がりがシンボリックに表現された「親仔馬像」がモチーフのレンガベンチが設置され、飲食も可能なので、ピクニックや憩いの場として、またはイベント会場として多目的に使用できる。

リニューアルオープンした「JRA馬事公苑」は、2026年の第20回アジア競技大会（愛知・名古屋）でも使用される予定。災害時の広域避難場所だけでなく、自然豊かな「JRA馬事公苑」が、さまざまな活動を通して、人が馬とふれあい、人と人が結びつき、共生社会を肌で感じられるような、みんなのパークとなってほしい。

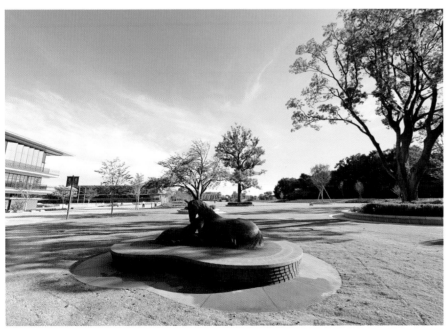

「はらっぱ広場」のシンボルとなる親仔馬がモチーフとなったレンガベンチ。この広場で寝転んだり、ピクニックもできる。

正面に開ける広大な芝生広場の「はらっぱ広場」はオリンピック時はオリンピックのモニュメントがおかれていた。

「はらっぱ広場」の奥にも馬場がある。

おかえり！ 馬事公苑 オープニングイベント

2023年11月3日(金)㊗

2023年11月3日、ついにJRA馬事公苑（東京都世田谷区）がリニューアルオープン！
2017年1月の休苑から実に7年ぶりとなる再開に多くの馬好きの人々が訪れた。その模様を写真たっぷりでお届け！

レポート・写真＝斉藤いつみ

オープニングを飾った
溝端淳平さん＆エイムハイ号

オープニングセレモニーに集まる人々の熱気を映すかのように、秋にしては暑いほどの日差しのもと、多くの人々がメインアリーナに集まっていた。競馬メディアでおなじみの栗林さみさんの司会や馬事公苑近くの駒澤大学高等学校吹奏楽部による演奏が場を華やかに彩る。

オープニングセレモニーのスペシャルゲストは映画・ドラマなどで活躍中の俳優 溝端淳平さん。すぎやまこういちさん作曲の「グレートエクウスマーチ」が流れ、温かい拍手が沸き起こるなか、JRA所属の競技馬エイムハイ（セン15歳・アイリッシュスポーツホース）に跨って、観覧客に手を振りながら登場した。芯のぶれない落ち着いた騎乗姿の注目俳優と、総合馬術で活躍する現役競技馬のコンビはこの記念すべき馬事公苑の舞台にピッタリ。

役づくりのために乗馬経験もあるという溝端さんは「いい馬に乗せてもらいました。気持ちが昂りつつもリラックスできるような、馬独特のパワーを感じました」と、相棒の感触を評価。現在放送中のNHK大河ドラマ「どうする家康」では今川氏真役を演じている溝端さんだが、作中には騎乗シーンが無いと残念がっていた。「大河に出演することがあれば、ぜひ騎乗したい」と、馬への想いを語り、「こんな素敵な公苑は、皆さんの憩いの場となるはず。7年ぶりの記念すべき日に呼んでいただきありがとうございました」と馬事公苑への想いを述べた。

馬事公苑長の甲田 啓さん（左）と溝端淳平さん（右）に撫でられてうっとりしている、大役を務めたエイムハイ。

ファンに手を振って登場する溝端さん。

競馬・馬アートに造詣の深い栗林さみさんが司会。

さまざまな品種の馬が揃った待機馬場。

サラブレッドよりも大きめなアンダルシアンも、優しく顔を触らせてくれる。

豪華絢爛！
DREAM HORSE SHOW！

今回の馬事公苑オープニングイベントの目玉は、多種多様な人馬たちが集まるDREAM HORSE SHOW。

厩舎地区そばの待機馬場には、オリンピック出場人馬はもちろんのこと、ホースショーチーム、流鏑馬、軽乗と、多種多様な人馬が集り、その風景は生きる馬事文化図鑑のようだった。それぞれの人馬が行う準備運動の内容に、勉強になったと感じる乗馬・馬術ファンは多いはず。

また、ポニーから重種まで大小さまざまな馬体の馬が一堂に会する風景も馬事公苑ならでは。多くの人が集まったメインアリーナでは、開幕前に馬とのふれ

非常に繊細な人馬のコンタクトが魅力的なファンタジックホースショー。

四肢すべて空中に浮くジャンプを披露する**スパーキー**。

息のあったパ・ド・ドゥを披露した北原さん（左）と林さん（右）。

解説を織り交ぜながら素晴らしい飛越を披露した福島さんと、話題をさらった"あの"ダルマ障害。

あいタイムも設けられ、馬の温もりや穏やかな表情に癒されていた。

馬場馬術のエキシビションでは北原広之さん＆**ウラカン10**（セン15歳・デニッシュウォームブラッド）、林 伸伍さん＆**スコラリ4**（セン18歳・ハノーバー）のオリンピック出場人馬が登場。豪華な2人馬によるパ・ド・ドゥを披露し、その妙技と騎乗姿勢の美しさに会場中の熱視線を集めた。

演技後のウィニングランでは何かに驚いた**ウラカン10**が内側に逃避し、**スコラリ4**にぶつかるアクシデントがあったが、笑って平常に戻すあたりにベテラン北原さんの騎乗技術が光った。

障害飛越のエキシビションでは福島大輔さんが登場。解説役に回った北原さんから「連続する障害間の完歩を10歩で」という無茶振りのようなリクエストを難なくこなし、人馬一体の飛越を魅せてくれた。驚いたことに、この日の騎乗馬**カッサイW**（セン11歳・ウォームブラッド）とは初のコンビ。そんなことを微塵も感じさせず、オリンピックで使用された障害を軽々と飛越する姿に会場中からため息が漏れた。

昔も今も愛される 馬術の殿堂として

甲田 啓馬事公苑長はオープニングセレモニー内の挨拶にて「TOKYO2020オリンピック・パラリンピックにおける馬術競技場としてのレガシーを活用し、馬術の殿堂としてジュニアから国際大会まで幅広い各種馬術大会の開催や馬とのふれあいイベント、そして多くの人々に愛される憩いの場となるように、愛される馬事公苑を目指したい」と抱負を語った。

正門から入ってすぐの「はらっぱ広場」では多くの家族連れがピクニックシートを広げてくつろぐ姿や、親仔馬のモニュメント前で記念撮影を楽しむ人々の姿が微笑ましい。

メインプロムナードには多くのキッチンカーや乗馬用品・馬雑貨の出店が立ち並び、どこもかしこも長蛇の列。初日は想定より多くの人が来苑したため、売り切れとなるキッチンカーが多数出たほどだ。休苑前の馬事公苑よりも多くの人々が集っているように感じられたのは、それだけ再開を楽しみにしていた乗馬・

挨拶をする甲田 啓馬事公苑長。

開放的な「はらっぱ広場」では、カップルや家族づれなど多くの来苑者がシートを敷いてのんびりと休日を楽しんでいた。

インドアアリーナでの体験乗馬。兄弟揃って馬の背を満喫できてよかったね！

大人気のミニチュアホース。

馬具だけでなく馬モチーフもバッチリ！ 充実のショップ。

WHY TROPHY のブースには素敵なロゼットがたくさん！ 多くの来苑者がオリジナルのロゼットづくりを楽しんだ。

馬術ファンや地元の人々が多かったからだろうし、近年一層増えた競馬ファンが訪れたからということもあるだろう。「馬具の出店がある」と驚きの声があちこちから上がっていたのが印象的だった。

出店ブースのなかでも人気だったのが「オリジナルロゼットづくり」が体験できるWHY TROPHY（ホワイトロフィー）のブース。乗馬ファンにはお馴染みの、馬術大会で入賞馬に授与されるリボンの勲章を人用（!）にコーディネートすると

いう趣向。色とりどりのリボンや布からお気に入りの組み合わせを選べるほか、自分で描いたイラストをアレンジすることもできるとあって、世代を問わず多くの人々がロゼットづくりを楽しんでいた。

完成したロゼットは、置いて飾る用の台紙とともに渡されるが、すぐに身につけて楽しむ人も多かった。

背の高い木々が休苑前と変わらずに陰を落とす武蔵野自然林エリアは、馬事公苑ファンには涙モノだろう。

愛馬碑と馬頭観音も当時と同じものが変わらずに残っている。そこには、休苑前と同じくショウワモダン（2011年没。GI 安田記念優勝。馬事公苑で馬場馬術競技馬を目指していた）の写真と花が添えられていた。

新しい時代のニーズに合わせて設備が整えられたものと、今までの歴史を感じさせるものが調和する馬事公苑は、馬術の殿堂として、より愛されていくことだろう。

休苑前の面影が残る武蔵野自然林。

今も変わらぬ愛馬碑。

UMAMIMI情報局
ウマの話題を求めて、全方向にチューニング中!
ウママミミ

第一回八ヶ岳笠懸競技会報告
2023年10月1日㈰ 山梨県馬術競技場(山梨県北杜市)

流鏑馬とはまた一味違う、ニッポンのサムライの伝統武芸、「笠懸」の腕を競う競技会が今年の秋に産声をあげた。
在来馬を活用し、各種のデモンストレーションと競技が行われたこの1日が、将来どのように発展していくか注目だ。

レポート＝ 田中雅文　写真＝ 林 佳夫

左上の写真は、和式馬場審査の風景。右上の写真は、清水健介さんによる模範演技で、スペイン常歩で歩いているところ。左下の写真は古武術家 生田覚通さんによる馬上武芸の披露。
そして右下の写真は、創作馬上舞「扇之舞」。披露したのは大塚寿美子さん（オレンジの装束）と、松下知美さん（薄紫柄入り装束）。

日本在来馬と技を磨く
笠懸の魅力を再発見！

現代の日本では珍しい笠懸の競技会が開催された。この大会は日本在来馬の保存活用に取り組んでいる紅葉台木曽馬牧場の主催で行われた。

流鏑馬は様式が決まっており、馬場は200メートル弱、3的。流派によって射法の型が決まってい

て主に神事で行われる。

一方笠懸は武士の鍛錬のためのもので、的の数も一定でなく、射法も自由に行われる。技術的に難しく、余興的な意味合いもある。

このような笠懸の競技会を開催する目的は、在来馬と和式操馬術を楽しむこと、実践的な騎射技術の習得を目指すこと、そして、能力ある血統の在来馬生産を目指すことにある。

開催当日の午前に「和式馬場術技能審査」が、審査員である清水健介さん（ウナパルテ代表）のもとで行われ、昼休みの各種デモンストレーションを挟んで、午後に笠懸競技の予選と本選が行われた。

出場資格は、参加者に一定の騎乗技術を求め、9月9日㈯に行われた「小田原城和式操馬術競技会」（主催：NPO日本和種馬文化研究協会）か、本競技会当日午前に

行われた「和式馬場馬術認定試験」で認定された者だけが、午後の競技に参加を許された。今回は受験者11人全員が合格した。

使用する馬は、紅葉台木曽馬牧場の貸与馬で、騎射は、遠的、小笠懸、追物射、押捩り、弓手下、馬手下の各種技を組み合わせて実施。

それぞれの用語を解説すると、「遠的」は、的までの距離が10m

上の写真は、笠懸競技（馬手下）の様子。右側の低い位置を射る。下の写真は、小さな的を射る小笠懸の様子。流鏑馬の雰囲気とはまた違った、「実戦」を意識した感じがわかる。

と長く、「小笠懸」は的が小さい。

「追物射」は、左前方を射る技で、狙いやすく威力も高いため、騎射戦の基本になる。「押捩り」は、体を大きくひねり、後方を狙う技で、柔軟性とバランスがものをいう。

「弓手下」は、向かって左側の低い位置を射る技で、「馬手下」は、馬の首を跨いで弓を構え、右側の低い位置を射る技だ。「弓手」は左、「馬手」は右を表す古語である。

第一回の競技結果は入賞者なし

予選は2走4的で、得点上位5名のみ本選へ進める。

本選では各人、3走6的となり、得点順で入賞とする。ただし4的以上の当たり的が無いと、入賞者は無しとなる。

第一回目となる本大会の競技結果は、残念ながら本選での4的以上の当たり的該当者はなく、競技規定により今回は入賞者無しとなり、「初優勝者」は来年以降にもち越された。意外といえば意外な結果だが、かつての武士が毎日鍛錬に明け暮れていただろうことを考えれば、やすやすと勝利の栄光に与（あず）かれない競技なのかもしれない。

流鏑馬経験者でも、より実戦的な笠懸には不慣れなのか、予選では的を外す場面も見られた。しかし、本選では慣れも見込め、かなりの的中を果たしていた。

昼に行われたデモンストレーションでは、審査員の清水健介さんによる和式馬場模範演技と注意点の解説や古武術家 生田覚通さん（里（いくたあきみち）山武芸舎主宰）による馬上武芸が披露され、続いて創作馬上舞「扇之舞」も披露された。

和式馬術による弓馬術の今後の発展に期待したい。

追物射（おものい）を披露。追物射とは、左前方を射る技。
写真＝駒村舞子

御猟野乃杜 賀茂神社
「馬上武芸奉納まつり」
2023年11月25日㈯

毎年恒例となった「馬上武芸奉納まつり」が無事10回目を迎え、古くからの馬の聖地を舞台に、在来馬に乗った騎馬武者たちが、伝統の技や演技を披露した。

レポート＝ 田中雅文　写真＝ 林 佳夫、駒村舞子

押振り（おしもじり）。写真：林佳夫

大百足退治に騎馬武者出陣！
馬で演じる絵巻物語

近江八幡市の賀茂神社は御猟野乃杜賀茂神社とも呼ばれる。今から1350年前、天智天皇の時代に創建された。日本最初の牧（馬の国営牧場）が設けられたため「馬の聖地」として信仰を集め、今日に至っている。

この境内を舞台に行われる「馬上武芸奉納まつり」は、「流鏑馬」

「馬上武芸奉納」「創作馬上舞奉納」「くらべ馬（競馬）」で構成される。

この奉納祭りは今回で10回目。賀茂神社に隣接する御猟野乃杜牧場代表、磯部育実さんが総合プロデューサーを務める。

参加メンバーは御猟野乃杜牧場が中心となって作る「江州御猟野和式馬術探究会」の会員たち。

毎年テーマを変えて行われる「創作馬上舞奉納」の今年の題目は、「俵藤太の大百足退治」。

あらすじは、次のようなものだ。

琵琶湖に住む龍神の乙姫は、地元で暴れる大百足一族の退治を豪胆な武士 藤原秀郷に依頼する。

秀郷は大百足の眉間を射貫き討伐に成功する。乙姫は百足退治のお礼として、秀郷にいくら取り出しても米の尽きない俵を褒美として与えた。これより、秀郷は"俵の藤太"と呼ばれ、武勇の誉れ高い武人として全国に知られるようになった。

この「馬上武芸奉納まつり」は、

厳粛な神事というより、人馬各々が楽しみながら特技や持ち味を精一杯生かし、いにしえの日本の人馬の姿を神前にて再現する場であり、晩秋の1日を楽しめた。

同まつりは、2024年も11月下旬に実施予定。

在来馬と和式馬術
日本人が知るべき財産

ここからは、御猟野乃杜牧場の代表 磯部育実さんが語ってくれ

大ムカデを演じる磯部育実さん。写真：林佳夫

見事大ムカデを退治し、いつまでも米の尽きない俵を褒美として得た藤原秀郷。写真：林佳夫

た、日本在来馬の歴史的視点とこれからの在り方について紹介する。

「日本の馬は、『日本在来馬』や『和種馬』とも呼ばれます。かつて日本の馬は、野性と知性の絶妙なバランスからなる判断力をもち、がっしりとした骨格と丈夫な蹄を備え、四季や災害で変わり続ける日本の環境に適応できる優秀な乗用馬でした。しかし現代では、その実態を知る人はほとんどおらず、知っていても『小さくて走るのが遅い馬』というイメージであることがほとんど

です。

そうなってしまったのには、実はこんな理由があります。

① 明治以降の度重なる戦争で、優秀な馬から徴用されてしまった。
② 軍馬増強のため、外国馬を導入し、日本の馬を強制的に減らす法律がつくられた。
③ 戦後は機械化が進み、動力や輸送手段としての役割をなくした。
④ 野菜や肉の自家生産が減り、化学肥料が普及して堆肥の需要がなくなった。
⑤ 西洋式の競馬が流行、馬といえ

ばサラブレッドのイメージに
⑥ ブリティシュやウエスタンなどの洋式乗馬が一般化、時代劇の役者でも西洋の馬に乗るようになった。
⑦ 日本人の平均身長と体重の増加で、人馬の大きさの割合が合わなくなった。
⑧ 保護され始めると、今度は市場原理が働かないまま、血統書の有無が優先され、補助金だよりの飼育や、近親交配、飼育困難が多発。
⑨ 優秀な馬を欠いた状態での近親交配で馬が弱体化し、走れない馬に
⑩ 学者や検証番組が現代の脆弱化した馬を見て、『日本の馬は走れない』と結論づけて公表してしまう。

まだ他にも理由はありますが、①②は戦争、③④は近代化、⑤〜⑦は生活の洋式化、⑧⑨は保護の弊害、⑩は①〜⑨までの影響が複合的に重なった結果です。

このように、実にさまざまな理由で日本の馬は本来の能力を評価されないまま、種の断絶の危機に瀕しているのです。

『馬術武芸奉納まつり』で活躍する馬たちは、山梨県の紅葉台木曽馬牧場の菊地幸雄氏を中心に、苦境を乗り越えギリギリのところで

残っている彼らの優れた資質を、可能な限り後世に残すべく、少しでも健康で資質の高い馬を全国から探し集め、繁殖育成してきた成果によって、かつての日本の馬の姿を今に伝える存在です。

まずは馬自身が健康で、元気に動ける状態であること。それを基盤にこれまで数十年間、古典馬術の研究を進めてきたことで、日本人、日本の馬、日本の馬具、このどれか一つが欠けても和式馬術は成立しないことがわかってきました。

日本人と同じ高さに目線のある日本の馬たちと、彼らの能力を最大限に引き出せるよう発達した日本の馬具が織りなす古典馬術。それらは雄大で美しく、変化に富みながらも時に過酷な日本の自然への畏怖と、世代を超えた努力と挑戦により磨かれてきました。

その結晶たる騎馬武者が駆け抜けるとき、『日本の馬は小さい』『遅い』なんて感想は決して出てこないはずなのです。

人を生かし、馬を生かし、自然と共生するために生まれた日本の馬文化は、自然と人の関わりを問い直すべき現代だからこそ、一層価値あるものとなるでしょう。日本の馬も和式馬術も、何より日本人が知っておかなければならない貴重な財産なのです」

少年騎手たちも参加。写真：駒村舞子

Information

日本の馬 御猟野乃杜牧場

〒523-0058 滋賀県近江八幡市加茂町1780番地
TEL：0748-43-0410　HP：[みかりのぼくじょう] で検索
E-mail：mikarinobokujo@gmail.com

再び馬の助けとなるべく蘇った
日本伝統の馬ワラジ

「馬のワラジ」という発想は、とても日本的。馬と労働をともにしたかつての日本人たちの、馬に対するいたわりの心を感じる。
そんな日本の心が、蹄鉄が主流となった現代に蘇る。最新式の「馬のワラジ」を手づくりしている現場に伺った。

レポート・写真＝ イギリス乗馬倶楽部

トキガワホースケアガーデンで、実際に履いている所を見学させてもらった。破れたり擦り切れたりしてもすぐに修繕できて、各馬の蹄の形に合わせて作成できるワラジ。たくさんの人に知ってもらいたい。

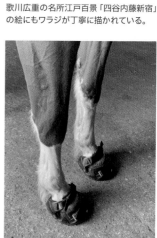

歌川広重の名所江戸百景「四谷内藤新宿」の絵にもワラジが丁寧に描かれている。

筆者の愛馬が現在履いているフーフブーツ。見た目はゴツいが着脱には5分もかからない。

オリンピックでも話題になった ベアフットは現代の潮流

先日、日本に一時帰国した時、埼玉県ときがわ町で開催された馬ワラジ講習会に参加してきました。

馬は人間に家畜化された紀元前3500年頃から、なにかしらの蹄の保護具を着用していました。最初は植物や動物の革を使用した被り物のようなもので、ローマ時代には革と金属でできたヒポサンダルというものを馬の蹄に括りつけていたとの記述があります。イギリス北部のヴィンダロンダというローマ時代の遺跡でも2012年にヒポサンダルが発掘されています。

西洋では馬が人間の移動や物の輸送、動力として欠かせない存在になるにつれ、削れ過ぎを防いだり悪路でも走行しやすいように馬の蹄を保護する必要が生じ、保護具として鉄を蹄に打ち込むようになったのが6世紀ごろ。素材は進化したものの、原理や方法はあまり変わらないまま今に至ります。

しかし、現代の馬の運動量や仕事からすると蹄鉄はあまり必要とせず、30年ほど前から、アメリカのムスタングやオーストラリアのブランビーといった野性の馬の蹄を理想とするベアフット（裸蹄）運動が始まりました。

TOKYO2020オリンピックの障害飛越で団体金メダルを獲得したスウェーデンチームの3頭のうち2頭がベアフットであったことや、イギリスの乗馬界の重鎮ジョン・ウィテカーもベアフットの馬で競技に出たりと、最近特に注目を集めるようになってきました。筆者の周囲を見渡すと、3割以上の馬がベアフットとなっています。

蹄鉄、フーフブーツ そして、馬ワラジ

ベアフットにしたとはいえ、時には硬い地面や長距離を走ることも

フランスのエルモン博物館に展示されているヒポサンダル（右）。これに革ひもをかけて馬の蹄に固定していた。画像提供＝©NantonosAedui, CC BY-SA 2.5, ウィキコモンズ。

ときがわ町の素敵な古民家「馬学舎MANABIYA」での講習会に参加した面々。先生のように上手に編めるようになるまでには、練習がたくさん必要そうだ。

あります。その場合にはフーフブーツという、いわゆるスニーカーを履かせてることもあり、このブーツも多様な種類が販売されています。しかし、このブーツは馬の多様な蹄の形に対応するほどの種類がなく、特に装蹄から裸蹄への転換期には合うブーツが見つからないことも多く、オーナーさんを悩ませていました。そんな時、かつて日本の馬たちが履いていた草鞋が編めたらいいのに、と思っていました。

日本には西洋文化の到来とともに蹄鉄も伝わりましたが、一般への普及は遅く、代わりに藁（わら）で編んだワラジは、傾斜のきつい山道を行き来する馬たちの滑り止めや蹄の保護として、その後何世紀も需要が続きました。しかし馬が車にとって代わられるようになると、その伝統も技術も消えてしまいました。

ブームが訪れるかも？ 愛馬のためにワラジを編もう！

私が馬の草鞋が欲しいと思ったのは10数年前になります。

当時はまだ装蹄されていた愛馬が、雪の日になると蹄鉄の間に雪が硬く詰まり歩きづらそうにしているのを見ては、雪の日は草鞋を履かせてあげられたらいいのに、と思っていました。

調べてみると、当時は川崎市立日本民家園が『民具の作り方』という冊子で馬の草鞋の編み方を紹介していました。取り寄せて読んでみたのですが、独学でやるには難しく諦めてしまいました。

愛馬は今はベアフットになり、必要な時にフーフブーツを履かせています。

ところが十数年が経って「トキガワホースケアガーデン」で馬の草鞋編み講習会をしているとの情報が！一時帰国に合わせて即座に申し込みました。

講師は、肢の痛い愛馬のために馬の草鞋を編み始めたという高梨（たかなし）先生。トキガワ町在住の藁編みアーティストと試行錯誤しながら、底面と紐で固定する昔ながらの馬のワラジを、なんと現代のフーフブーツに近い形に進化させました。今ではトキガワホースケアガーデンのほとんどの馬が専用のブーツを履いて快適に過ごしています。

この現代に蘇った馬のワラジの技術、学んでみませんか？ 馬ワラジ講習会は定期的に開催されています。

お問い合わせは、トキガワホースケアガーデン（090-7053-4635）まで。

馬のワラジ製作セット。

足の親指にかけて編み始めてゆく。

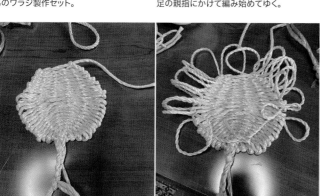

時にはおしゃべりをしながら、時には黙々と作業を進めて、本体部、側部用の縦糸を追加し、それに横糸をかけてブーツ状の形にしてゆく。

最新機器を駆使して診療にあたる獣医師の佐藤遊季さん。

ついに実現！
馬の入院設備を併設する
民間乗馬クラブ イデア馬事苑

「愛馬に充実したトータルケアを」というモットーを民間で実現した「イデア馬事苑メディカルセンター」を取材。
経営の中心である代表の阿部卓也さんと獣医師の佐藤遊季さん親子に話を伺うとともに、最新設備などを紹介する。

レポート＝菅野恵子　写真・取材協力＝イデア馬事苑

馬関係者たちが待ち望んだ民間の馬の病院

本年2月、西日本で初めての試みとなる民間の馬の病院、イデア馬事苑メディカルセンターが大阪府枚方市にあるイデア馬事苑内にオープンした。入院治療用の厩舎が新たに建設され、その周辺にはサンシャインパドック2基とロンジングサークルの設備もある。

ウォーキングマシーンでは肢・腰に問題のない馬が、毎日1時間程度の歩幅の大きい常歩運動を行うことができる。

厩舎内の設備を見ていこう。

・入院馬房

3×4mの馬房が12室、そのうち6室の床は、アメリカで特許を取得したコンフォートフローリング仕様を採用、床はフカフカで沈むのだが、すぐに戻る構造で、肢・腰・肩に問題のある馬に適している。この馬房では、とにかく馬がよく寝るという。

この仕様はJRA栗東トレーニングセンターで導入している厩舎があり、イデア馬事苑代表の阿部卓也さんが見学に行った際に馬がよく寝ていたそうだ。従って疲労が残らず、調教師からは関節系の問題も生じなくなったという話があったという。

各馬房にはミスト付き扇風機を設置、大型ミストファンでは音がうるさいという欠点があったが、この扇風機に換えて静かになり、音による馬のストレスが軽減されたそうだ。

・体重計

毎日の体重管理に使用

・セラプレート＆ソラリウム

床が振動して全身の毛細血管の血流を促す効果があり、蹄葉炎で歩行困難な馬が毎日使用したところ、1カ月ほどで歩けるようになった。また蟻洞が早く治ることも期待される。

セラプレートには、疝痛予防のプログラムもあり、その振動は人間が乗っても心地よいという。

ソラリウムは遠赤外線が筋肉の内部まで届き、筋肉を緩め、慢性の炎症の軽減によい。

・その他最新医療機器の数々

蹄の角度が計測できるX線装置、エコー、人工授精時に使用する直検プローブ、ショックウェーブ、インディバ（高周波温熱マシン）などを導入、全部合わせると"家が建つほどの金額"になるそうだ。

医療機器は獣医師（有資格者）でないと使用できないが、イデア馬事苑には24時間、阿部さんの娘で獣医師の佐藤遊季さんが常駐している。

セラプレート＆ソラリウム。

救えたはずの多くの命が背中を押す

これだけの設備を備えるに至ったのは、阿部さんがこれまで「開腹できれば救えたはず」だった命の現場に立ち会ってきた経験が根底にある。

大動物の開腹手術を行える設備自体は大阪府にある施設に備わっていたが、しかし、その予後を管理できる入院施設がなかった。そこでイデア馬事苑メディカルセンターが「手術した馬の予後を管理する」という大きな役割を担うことになったのだ。もちろん、同センターは手術不要の馬の治療や静養にも対応している。

イデア馬事苑は、開腹手術を行える施設から馬運車で1時間強の所に位置している。実際、疝痛の手術を行ったウマを輸送し、予後の管理を行った実績がある。

獣医のほかに入院馬房を担当するスタッフもおり、24時間の点滴ができる体制にある。

現在、関西地区の手術経験のない獣医師たちが、自分たちで手術ができるようになりたいと勉強会を開いており、ネットワークづくり

電磁波治療Magnawave。

が進んでいる。

このような施設を備えた乗馬クラブがあったらいいな、と思い描いたライダーやインストラクター、獣医師や装蹄師は少なからずいるだろう。同時にその実現がどんなに難しいことであるかも彼らはよく理解している。

今回イデア馬事苑メディカルセンターがいくつもの困難な問題をクリアして、民間の施設として実現に至ったことは、特筆すべきことだ。

イデア馬事苑の中心を担う経営者親子に思いを聞く

代表の阿部さんと獣医師の佐藤さんにお話を伺った。

──このセンターの実現に至るまで苦労したことはどのようなことでしょうか？

阿部さん「疾病やキズの治療・健康管理といった従来型の動物診療所の機能に加えて、『競技馬のパフォーマンスを最大限に引き出すメディカルサポート』を融合したコンセプトづくりには、かなりの議論を費やしました。進むべき道が見え始めた後は、ただただ資金調達あるのみでした」

佐藤さん「幼少のころから、馬の獣医さんにお世話になる時は『獣医さんにきてもらう』のが普通だと思っていました。北海道やJRAの二次診療施設などを見学させていただいて、『馬が来る』診療所をつくりたいと願うようになりました。往診にももちろん行きますが、『獣医さんにきてもらう』という概念がまだまだ根強く残っており、緊急を要する時などには来てもらうようにお願いしています。また、馬の病気を治すこともとても大事ですが、人がスパや整骨院に行くように、気軽に体のメンテナンスをできるような、馬へのトータルケアができる場所をつくりたいとも考えて、この施設を立ち上げました。オーナー様やライダーの方が乗っていて少しでも違和感がある時には、すぐに教えてもらうようにしています」

獣医師 **佐藤遊季**（さとう・ゆき）さん。
日本獣医生命科学大学獣医学部卒業後、兵庫県内の馬診療所に勤務。2023年2月よりイデア馬事苑メディカルセンター院長を務める。学生時代は競技に出場、優秀な成績を収めている。写真は馬体に対してエコー診断を行っているところ。

レーザーSH-1。

──資金の調達はどのようにされましたか？

阿部さん「コロナ禍に経済産業省が打ち出した『中小企業等事業再構築促進補助金』を獲得し、それをベースに、獣医療法第15条に基づく政策金融公庫からの資金貸付を得ることで実現しました。短期間に、それぞれの複雑に絡み合った要件を満たさねばならず、諦めかけたことが何度もありましたが、その度に経産省事務局や公庫担当者が知恵を与えてくれ、励ましてくれたことがとても大きな支えとなりました」

──立ち上げたのち、施設を継続、維持していくためにどのような対策を考えておられますか？

阿部さん「受け入れた1頭1頭を丁寧に治療してケアして回復させて、ココロもカラダもより元気になって、帰ってもらうこと。ただただそれだけです。そのためにも、理念を共有し技術向上に励むことが可

能となるよう、スタッフの執務環境と待遇が私の仕事と心得ます」

佐藤さん「こんな施設が大阪にある、ということをいろいろな方に知っていただけるのが一番の対策です。往診の対応もしておりますが、今年の夏も何頭か入院してきて、無事に夏を乗り越え退院していきました」

──阿部さんご自身が大学と大学院で建築学を専攻されていたことは、どのような面で活かされているのでしょうか？

阿部さん「さまざまな面で活かされていると思います。馬に快適に過ごしてもらうための通風、断熱、床・壁の仕上げなど建築計画を立てられること、機能的動線に基づく配置計画やメンテナンスが容易な部材の選定にあたれること、それに『コスト管理』や『工程管理』、それらに加え、行政、金融機関、ゼネコンなどとの交渉時にも専門的な知識が力になっています」

サンシャインパドック。

——今後、馬の医療に関わる人財を育てるために研修させてほしいという要望があれば対応を考えておられますか？

佐藤さん「ぜひご連絡いただければと思います。メールにてご応募ください」（P89の求人広告も参照）

——この施設を利用するにあたり心がけてほしいことは？

佐藤さん「長期の治療や毎日の治療が必要な馬や、緊急を要する馬、いろいろな馬が来院されます。その1頭1頭に合った最善の治療をご提案していきます。そのためには、毎日その馬の様子をみているオーナー様やライダーの方、厩舎スタッフの方にも問診が必要です。毎日しっかりと様子を確認してもらって、いつもと違う違和感や気になることがあれば必ず伝えてほしいです。早期発見・早期治療が一番大事なので、気になることがあればすぐ獣医さんに相談しましょう。相談するだけなら無料です（笑）」

——今後人工授精や出産に利用したいという要望があれば対応されますか？

阿部さん「昨年、東良弘一氏に呼ばれ、『今後しばらく外馬が買えない時代が続くだろうから、君のような獣医のいるところはウォームブラッドの生産に乗り出さなきゃならん』と仰せになり、それから程なくして亡くなられました。東良さんの遺言と思い、来春から欧州の良血凍結精子を、乗馬に向いた国産サラブレッド引退牝馬に掛け合わせていこうと計画しています」

佐藤さん「私自身も自分で繁殖した馬に乗りたい！ という夢がありますので、人工授精の修練中です」

——最後に読者の皆さんへのメッセージをお願いします。

阿部さん「ドイツ乗馬協会が運営するサイトwww.PFERD-AKTUELL.DEに私たちの思いとも重なるピッタリな文章がありますので、それをお伝えしたく思います。『人と同じく、すべての馬には価値があり、価値ある命の終わりをむかえる権利があります』」

◇◇◇

このような医療設備は、乗馬クラブや観光乗馬に使用される馬たちには大きな福音となる。

イデア馬事苑には医療機器メーカーなども見学に訪れている。簡単なことではないが、他地域にもこのような乗馬施設が実現することを切に願う。

民間企業による一歩が示され扉は開いた。追随する施設が出てくれば、日本の馬術界は新たなステージを迎えるのではないだろう

か、希望が見えてきた！

もし何か構想、計画をもっている方がおられたら、ぜひ本記事を参考にしてほしい。阿部さんらは、そうした方々からの質問、相談、見学に対応していただけるとのことだが、まずはメールで問い合わせていただきたい。

イデアメディカルセンターは、さらなる施設の充実に向けて新しい機器の導入を検討している。追ってレポートできる日は近いかもしれない。

Information

イデア馬事苑

大阪府枚方市穂谷4563（京阪奈墓地公園東隣）
Tel：072-894-8516　Fax：072-894-8517
E-mail：ideabajien@gmail.com　URL：http://idea.jp/
※設備はYouTubeでも紹介されているので、下記URLに飛ぶか、［イデア馬事苑］で検索を。
https://www.youtube.com/watch?v=WNcWGcGjFgo

パンフレットの表紙。「愛馬に充実したトータルケアを」

初級インストラクターのための
指南書「教えて！○○さん！」
Vol.21

悩めるインストラクターのために、エキスパートが
毎回入れ代わり立ち代わり指南してくれるコーナー。
わからないことは専門家に聞いてみましょう！

構成＝ 柴田真規子　イラスト＝ うまあきこ

今回のエキスパート
伴 美恵子さん
Ban Mieko

国際的な指導者資格「センタードライディング」レベル2のインストラクター。四街道グリーンヒル乗馬クラブ所属。馬場馬術大会における実績多数。2021年発売の書籍『馬場馬術の美しい騎座』（緑書房）を監訳。

Question

上級者が多用する「体重扶助」について教えてください（後編）

Answer

「いつ」「どれくらい」体重扶助を使うかがとても重要です。

強すぎる体重扶助は意図とは反対に作用する

前号に引き続き、体重扶助の間違いについて説明します。前編の1つめとして紹介したのは、そもそも真っすぐ座れていないというミスについてでした。後編ではその次によくある間違いとして、やり過ぎてしまう体重扶助についてです。体重の扶助は実際、ほんの小さな動きなはずなのですが、「やり過ぎ」てしまうと、お尻で漕ぎすぎたり、重心が傾いてしまいます。

座骨に重みを加えようとすると、ライダーが重みを加えようとしている側の肋骨で倒れてしまい、意図していた方向とは反対側の重さが増加してしまうことがあまりにも頻繁に起こります。

アブミの重み付けも同様に、足の指の付け根を強く押し込みすぎると、実際には体重が反対側の座骨に移動し、馬は意図した方向とは反対の方向に動いてしまいます。

椅子に座って手を座骨の下に入れて身体をほんの少し動かすだけで、どの位の体重移動を手に感じることができるのか実験してみるのも大変有効です。強すぎる座骨は痛みを与えて不快なのが理解できたり、身体の角度により座骨が正しい場所になくなったりします（下写真参照）。

馬の脚の運びを覚えてライダーも同様に動く

3つめによくある間違いは、体重扶助を出すタイミングです。物理的に馬が反応できないタイミングで

扶助を出しても、満足できる結果を得ることはできません。タイミングを習得するにはまず馬の脚の運び（動きの順番）を覚える必要があります。

常歩は4拍子で8フレーズ、速歩は2拍子で4フレーズ、駈歩は3拍子で6フレーズ。この動きを図で見て、実際の馬の動きに重ねて覚える必要があります。そこからさらに、ライダーも同じように動いて行くことを覚えると正しいタイミングを掴むきっかけとなるでしょう。下記に示した図を参考にしてみてください。

肢の着地に合わせて軽く合図する

体重扶助のタイミングは馬の肢の着地に合わせる必要があります。例えば馬が肢を上げている所に体

重をかければ、バランスを崩します。扶助の強さは、馬にもそのタイミングにもよりますが、最初から強く合図することはおススメしません。軽く合図して、反応が薄ければもう少しという具合に合図するとよいと思います。経験を重ねることでその感覚を得ることができると思います。

体重扶助を利用して馬と効果的にコミュニケーションをとるには時間と忍耐が必要ですが、最終的には非常に価値があり、馬はよりハッピーになるでしょう。

普段から上級のインストラクターに見てもらいチェックしてもらったり、ビデオを利用するのも大変有効です。ある程度の筋肉も必要ですから、地上トレーニングも取り入れてください。

◆常歩（ウォーク）　4ビート8フレーズ

◆速歩（トロット）　2ビート4フレーズ

◆駈歩（キャンター）　3ビート6フレーズ（左手前）

大阪高島屋にて接客にあたった、ピアッフェスタッフの浅野眞理子さん（右）、藤井純子さん（左）。

PIAFFERで
お会いしましょう Vol.20

大阪に常設店オープン予定（2024年3月）
乗馬普及のための取り組みが加速！

乗馬・馬術の普及を目標に掲げ、さまざまな形で貢献している乗馬サロン ピアッフェの2024年の動きに注目！
数々の競技会へのスポンサードに加え、20周年を迎えるにあたり大阪高島屋に常設店をオープンするなど、活動が加速中だ。

レポート＝加茂田雅俊　写真提供・取材協力＝乗馬サロン ピアッフェ

2024年3月大阪高島屋への
常設店に向けて

　2024年に20周年を迎える乗馬サロン ピアッフェは現在、日本橋三越と新宿高島屋の都内2店舗で営業をしている。コロナ禍のなかでオンライン販売も開始したが、基本は対面販売だ。

　この度、11月3日㈮から7日㈫までの5日間にわたり、今年2度目となるポップアップショップを出店した大阪高島屋に、2024年3月、常設店をオープンすることとなった。

　関西方面の乗馬ファンにとっては、ポップアップショップが一足早い鮮烈なアピールとなったことだろう。

　ポップアップショップの出店を担当した竹原佳誉子さんに伺った。

　「大阪のお客さまは本当にフレンドリーな方が多く、すぐに打ちとけて仲よくなってしまいます。話術に引き込まれて、応対している間中笑顔が絶えないんです。私も接客時に笑顔が大切だということをあらためて体験でき、勉強になりました」

　そんな大阪出店の手ごたえを、社長の長尾吉幸さんも2023年4月の最初の出店時から感じていたようだ。日本ではマイナースポーツである乗馬・馬術を普及させるという目標を掲げ、貢献していくことで馬に恩返しをしたいと考えている長尾さん。その歩みを一歩一歩着実に進め、苦難を苦にしない明るい笑顔でさまざまなところに影響を与えている。

　「長尾さんを見ていると元気をもらうんです」

　かつて大阪のポップアップ出店時に手伝いをしたことがある浅野道子さんもこう話す。浅野さんは、本連載の2021年第3号で

左の写真は大阪高島屋5階の催会場に出店したポップアップショップの様子。右の写真は2022年3月新宿高島屋での新装オープン時に来店したドレッサージュの林 伸伍さん（左）と長尾さん（右）。大阪高島屋でのオープンにもさまざまなシーンで活躍する乗馬・馬術関係者が訪れることだろう。

"馬友" 第9回のゲストとして登場し、今でも競技会に参加している乗馬愛好家だ。長尾さんの魅力に周囲の人々が心を輝かせる。

長尾さんは、毎日40分のウォーキングを欠かさない。健康管理は基本で、ピアッフェの起業から20周年を迎えさらに進んで行くためにも、つねに体調管理を考えている。

「いろいろと決めることが多くて、大変だよ」

多忙な毎日を笑いながら話す長尾さんだが、いつも余裕があるように見える。これも日頃の健康管理が成せる業なのだろう。

15周年の記念祝賀会で、「開店直後は、正直なところ1年か2年でお店をたたむのではないかと思っていました」と笑って挨拶を

された方がいた。「そんな懸念はすぐに払拭された」とも言っていた。長尾さんの頑張りは、乗馬業界になくてはならない力になっている。そしてそんな長尾さんが展開する大阪高島屋への出店に、関西で乗馬に携わる関係者の人たちの期待も大きい。2024年3月を待とう。

17人馬が挑んだ「ピアッフェ・カップ」

第44回キャロットステークスは日本馬術連盟（日本社会人団体馬術連盟）が主催する馬術競技大会だ。2023年9月29日㈮から10月1日㈰、好天に恵まれた御殿場市馬術・スポーツセンターで行われた。

馬術競技者の裾野を拡大することが目標の一つとなっている本競技会は、その一環で広く乗馬愛好者も対象にオープン参加で行われる。そのため競技種目も多く、人馬の日頃の練習の技量を検証する場として、また交流の場として活気がある大会になっている。毎年、高度なレベルへのチャレンジも可能で、多くの参加者が自分の実力を試すことができる。

本誌P42でもレポートしているキャロットステークスだが、その第35競技（第3課目A馬場馬術競技）は「ピアッフェ・カップ」として行われた。参加した17人馬は日頃の練習の成果を披露すべく、優勝を目指しそれぞれのハードルに向かった。

キャロットステークスにはキャリアの浅い選手が毎年多く出場している。ピアッフェは

大会の掲げる馬術競技者の裾野を広げるという趣旨に賛同し、そのようなライダーたちの励みになればと毎年スポンサードに名乗りを挙げている。

長尾さんは未来のある選手たちの情熱に心を打たれ、彼らと直にふれあうために、できる限り大会に顔を出す。

「大会役員、関係者の皆さん、参加した選手の皆さん、3日間の競技運営に協力した大学の馬術部の皆さん、本当にお疲れさまでした」

競技後の謝辞のなかでも、関係者を含むすべての人への感謝を伝えていた。

ピアッフェ・カップの入賞者の皆さん。左は、日本社会人団体馬術連盟会長の山口 昇さん。写真＝c3.photography（後藤洋介）

INFORMATION
乗馬サロン ピアッフェ　　東京都中央区日本橋室町1-4-1 日本橋三越本店 本館4F　TEL：03-3274-1638　営業時間：10:00〜19:00
乗馬サロン ピアッフェ・新宿　東京都渋谷区千駄ヶ谷5-24-2 新宿高島屋8F　TEL：03-5315-0530　営業時間：平日10:30〜19:30　（2022年3月9日オープン）
URL：https://piaffer.net/　Facebook：https://www.facebook.com/piafferinc/

LESSON 25
JUMPING（障害飛越競技）とは

森裕悟さんが「第75回全日本障害馬術大会2023 Part I 」の選手権種目で準優勝！
今回は障害飛越競技とはどのようなものなのか？ そのベーシックな部分を解説する。

インストラクション＝森 裕悟　企画＝飯村洋平　文・写真＝比嘉雄飛

「第75回全日本障害馬術大会2023 Part I 」全日本障害飛越選手権競技 準優勝の森 裕悟＆CRNヴィクトル。

◆障害飛越競技のグレード

グレード		高　さ	幅	障害個数	速　度
大障害	A	160cm以内	180cm以内		375〜400ｍ/分（時速22.5km〜24km）
	B	150cm以内	170cm以内		
中障害	A	140cm以内	160cm以内		350〜400ｍ/分（時速21km〜24km）
	B	130cm以内	150cm以内		
	C	120cm以内	140cm以内	13個以内	350ｍ/分（時速21km）
	D	110cm以内	130cm以内		
小障害	A	100cm以内	120cm以内		
	B	90cm以内	110cm以内		
	C	80cm以内	100cm以内		325〜350ｍ/分（時速19.5km〜21km）

出所：日本馬術連盟競技会規程 第21版（時速換算は編集部）

森裕悟＆CRNヴィクトルが
2023年度チャンピオンシップ準優勝

すっかり寒くなり、体調管理の難しいシーズンになってきましたね。人はもちろん馬もこの時期は風邪をひかないように注意深くみてあげなければいけません。

さて、話は変わりますが、11月23日から26日にかけて行われた「第75回全日本障害馬術大会2023 Part I 」で、チャンピオンシップを争い「大障害」を跳ぶ全日本障害飛越選手権競技にCRNヴィクトル号と出場して、準優勝することができました！ 日頃のトレーニングの積み重ねが大きな結果として出せたのでよかったです。ただ、まだ優勝ではないので、今後も一生懸命トレーニングを積んでいきたいと思います。皆さん、応援よろしくお願いいたします。

そこで今回は国際的には「Jumping」とも呼ばれる「障害飛越競技」について取り上げたいと思います。皆さんのなかにはすでにトレーニングとしてハードルを跳ばれている方もいらっしゃるかもしれませんが、そもそも障害飛越競技というものはどういったものなのかを簡単に解説していきたいと思います。

障害飛越競技のグレード

先ほど「大障害」と言いましたが、そもそもそれは何のことでしょうか？ 実は日本馬術連盟が主催・公認する障害飛越競技にはグレードがあり、跳ぶハードルの最大高と幅などで9つに分けられているのです（表参照）。

今回参加した大障害は最も高いグレードの競技になります。全日本のPart I 大会では「大障害」「中障害A」「中障害B」が行われるのですが、僕は2016年に中障害A、2018年に中障害Bをそれぞれ優勝しているので、大障害で優勝することが目標です。

写真1：大会に出場するためには、ドレスコードをしっかり確認して、準備する。

写真2：ヴァーティカルは、最もオーソドックスなハードル。横に渡した棒状の横木はポール、またはレイルやバーと呼ばれ、写真の上から2番目と3番目の板状のものはプランク（厚板）と呼ばれる。左右で支えてる幅広の部分はウィングと呼ぶ。

写真3：垂直障害を二つ並べた形のオクサーは、高さと幅が求められる。

障害飛越競技のルール

障害飛越競技というものは、コースに設置されたポールなどで組んだ障害物を決まった順番でスタートからゴールまで人馬で飛び越えていくという競技です。

細かいルールは各競技会によって差異はありますが、ポールを落とすか水濠で着水すると減点4点、規定タイムより遅れてゴールするとタイム減点されてしまい、総減点の少ない人馬順に成績が付きます。

今回の大会では「リバースオーダー」がありました。これは1走目に全員が競技を行った後、減点が多い順番から2走目の走行を行うというシステムです。

今回は1走目で減点4が4人馬、減点0が2人馬でした。そして2走目のリバースオーダーでは減点0の選手のうち一人が1落下で減点4、もう一人が1落下に加えてタイム減点があり減点8となりました。僕は1走目は減点4で、2走目も減点4で合計の減点が8でした。ほかにも減点8の選手がおり、合計の減点数では並んでいたのですが、第2走行のタイムの成績順で結果が出るというルールだったので、タイム成績が一番よかった僕が2位となりました。

また「ジャンプオフ（略称JO）」という成績の決め方もあり、これは全人馬の競技が終わったあとに減点数が同じで勝敗がつけられないときに、先ほどよりも障害物を減らしたコースを走り、速いタイム順に成績が決まるというものです。もちろんポール落下の減点もあるので、コーナーを攻めすぎるとタイムは縮まりますがポールを落とすリスクがあるため、技術が問われます。

障害飛越競技の服装

レベルの高い試合に出るための服装には実はドレスコード（規定）があります。

ヘルメット、ジャケット、白シャツ、白ネクタイ、白キュロット、黒か茶のロングブーツです。悪天候の場合は審判団の判断でレインコートなどを着用できることもありますが、基本的には上記の服装になります。ですので、赤いネクタイや茶色の

キュロット、ショートブーツにチャップスでは試合に出られませんのでご注意ください（写真1）。

障害飛越競技のハードルの種類

まず紹介するのが垂直障害（ヴァーティカル）です（写真2）。これはその名の通り、馬に対して垂直に設置してあるハードルで、飛越に高さが求められます。

次はオクサー（牛囲いの意味）です（写真3）。これは先ほどの垂直障害のすぐ後ろにもう一つ垂直障害を設置したもので、飛越に幅が求められます。つまり手前のポールを跳べたとしても飛越に奥行きがなければ奥のポールを落としてしまうので1落下となってしまいます。各競技会によってこのオクサーの幅は異なります。当然幅があればあるほど難易度が上がります。

最後は水濠障害です。これは馬場に浅いプールのように水を張りその上を馬が通過するというものです。水濠障害の端には粘土製の縁があり、もしも馬がそこに着地すると形が残るので際どい場

合はその縁で判断します。

　水濠障害にポールがかかっているタイプは「リヴァープール」（写真6、10）と呼ばれ、水濠だけのものは「オープンウォーター」と呼ばれます。

　基本的にはこれらの障害物を組み合わせて障害コースをつくります。また各ハードルには支柱に白と赤の印が付いています。これはハードルをどの方向で跳ぶのかを知らせるために設置してあり、必ず赤の印のついた支柱が飛越の進行方向の右手になるようにコースを回ります。もし逆に飛んでしまうと失権になってしまいます。ちなみに旗が1本ならヴァーティカル、2本ならオクサーと判断できます。

さまざまな工夫が施された 人馬を惑わす実際のハードル

　それではここで、今大会で使われていたハードルの数々を見ていきましょう。

写真4：三木ホースランドパークのロゴが入ったハードル。こういったマークや色なども含め馬の気を逸らすトラップとなる。

　今大会の試合会場は三木ホースランドパーク（兵庫県）でした。きれいな競技場で障害物にも三木ホースランドパークのロゴがあしらわれています（写真4）。ポールだけではなくこのようなもの

があると馬は見てしまい飛ばなくなってしまうことも多く、精神的な障害物としての役目を大いに果たしています。

　写真5〜7の障害物もそうです。普通のポールだけのものと比べて馬にとっては注意することが多くなるので嫌って逃げてしまう可能性があります。

　写真8、9の障害物はなかなかいやらしい構造です。前から見ると普通なのですが、実は後ろが水濠になっています。これも馬が怖がる可能性がありますし、着水しないように幅のある飛越をしなければなりません。

　写真10は後ろから見たところです。水濠の幅も大きく、より難易度が高いのがわかりますね。

　写真11はコンビネーションと言い障害物は2カ所ですが、2つで1個と見なされます。奥のほうのハードルには「B」と書いてあり、手前の「A」と対（コンビネーション）をなす形で置かれています。「A」を跳んでからそのまま駈歩で数歩のとこ

写真5：馬が物見をしてしまいそうな右側のウィングの先にある出っ張りも、ある種のトラップ。

写真6：全体的に青い格子状に見えるオクサー。馬も人も幻惑させる。下にウォータートレイが置かれているが、水は張られていない水濠障害もどきなところも騙されそう？

写真7：これは壁とポールで構成されたウォール＆レイルズという形。人間が見て面白いデザインも、馬にとっては得体の知れない恐ろしいものかも。

写真8,9：正面から見ると簡単に跳べそうな壁とポール（ウォール＆レイルズ）のシンプルな障害物に見えるが、近づいてみると様子がおかしい。その向こうになにやら青いものが！？

ろに設置してある「B」を飛越しなければなりません。もし「A」でジャンプが詰まってしまったらその分「B」までの駈歩の歩幅を広げなければならないという、騎乗者にその場その場の判断が試されます。

ということで今回は障害飛越競技について解説していきました。

今後もジャンパーとして愛馬たちと一緒に頑張っていきますので、皆さんご声援よろしくお願いいたします。

写真10：後ろに回ると、リヴァープールが待ち受けていた！これのポールが設置されていない形がオープンウォーター。

写真11：コンビネーション。この場合は、手前のオクサーを跳んでから奥のヴァーティカルを跳ぶ形。これで1個の障害物と数える。

PROFILE：森 裕悟
学生時代は専修大学馬術部に所属。2004年、世界学生馬術選手権団体優勝、2005年全日本学生馬術大会障害飛越競技で個人優勝など顕著な成績を収める。その後クレインでインストラクターとなり、各大会で活躍。2016年全日本障害飛越大会中障害飛越競技Aでブロードウェイ号に騎乗し見事優勝。第一線で活躍するトップライダーである。

INFORMATION
乗馬クラブ クレイン東京
乗馬クラブ クレイン東京では、新型コロナ感染防止のため「三密」の回避、お客様の体温測定、消毒の徹底など、多くの策を講じている。

東京都町田市真光寺町1227　TEL：042-718-4404
URL：uma-crane.com/maplist/kanto/tokyoto/tokyo/

輝け！みんなのホースセラピー

Horse therapy

文=塚本めぐみ　写真=コルザホースクラブ

第27回　全日本パラ馬術大会に出場した二人

11月3日〜5日にかけて静岡県にある御殿場市馬術・スポーツセンターにて、第7回全日本パラ馬術競技大会が開催されました。筆者も二人の選手とともにコーチとして参加しました。今回はそのレポートをお届けします。

エントリーするだけでも一苦労。パラ馬術競技大会は大きなチャレンジ！

競技会初体験で出場した片岡咲希さん

本連載の第23回（2023年第9号）にて、パラ馬術のグレード選定を行う派遣型のクラシフィケーションをコルザホースクラブで開催したことを紹介しましたが、その際にグレードⅡに選定された片岡咲希さんにとって今回は、パラ馬術競技大会を含め馬術競技会自体への参加は、初めての挑戦となりました。

6月のクラシフィケーションの頃は、サイドウォーカーを付けての引き馬の状態でした。そこから4カ月という期間で、御殿場の大きな競技場を、一人で馬を誘導して経路を回り切るということはとても高い目標です。しかし、出場を決めなければ練習にも張りが出ないという意見で、「まずはエントリーをする！」ということが最初の目標となりました。

試合経験のある人には当たり前のことでも、片岡さんにとってはエントリーするまでにもやるべきことがたくさんありました。まずは、JRAD（日本障がい者乗馬協会）に個人入会すること、使用する鞍や道具の選定、また所有していたオーダーメイドのブーツはブラウントップだったので、検討の末、ブラウンの部分を黒で染め直すことになりました。

片岡さんは暑さに弱く、夏は体調をみながら練習を積みました。長い夏が終わる頃には最終的にグレードⅠ（常歩のみ）にオープン参加にてエントリーを決めましたが、高次機能障害のために2種

左より佐藤むつみさんと盲導犬のディーンくん、片岡咲希さん。

類の経路を暗記することがままならないので、コマンダー（経路の読み上げ）を配置して競技に臨むことになりました。危険と判断したら、すぐに敬礼して退場するという取り決めをし、いよいよ本番の舞台に上がります。

入厩日の練習では、おとなしかった相棒の**ヨモギ号**ですが、多くの人が入った競技場に来た途端に大興奮してしまいました。おまけに、今回はFEI規定で運営されており、コーチの下乗り制限のルールのすり合わせも不十分な状況でした。見ている誰もが心配して見守るなかで、片岡さんは初めての競技場に入場しました。

初日は経路の途中で、**ヨモギ号**がいななき興奮した様子を見せたので途中で棄権。そして2日目は人馬とも本当によく頑張り、最後まで演技をすることができました。緊張や不安、そして感動を当事者だけでなく見ていた全員と分かち合えるような一体感を感じることができました。

課題が山積のなか、なんとか出場できた佐藤むつみさん

佐藤むつみさんは今までに何回もの競技経験がありますが、今回の競技会

参加は数年ぶりのチャレンジとなります。過去にパラ馬術大会の経験があっても、やはり簡単にはエントリーはできません。

佐藤さんはブラインドライダーとしてグレードIV（駈歩あり）に選定されていますが、11月のパラ馬術大会の日程が決まった頃には、まだ国内競技が実施されるかどうか不透明な状況でした。

全日本パラ馬術競技大会は今回が7回目の開催で、本大会は来年開催されるフランスのパラリンピックを控えて、FEIの3スター競技がメインでした。3スターとなると、世界ランキングに成績が反映される重要な開催ですので、FEI認定審判員や役員が海外から集結します。運営はFEI規定が徹底されますので、国内競技を同時開催できるか事務局も慎重に協議を重ねていたのです。

FEI競技としてエントリーする場合には、出場する馬もFEIパスポートを所持していなければなりません。しかし、馬体検査をしてFEIに登録・発行するまでには日数が掛かります。エントリーの決断の前に佐藤さんは日馬連に申請してトゥールモンド号のFEIパスポートを作成することになりました。

ほかにも課題は山積していました。ブラインドライダーはフェアネスを担保するために真っ黒いゴーグルを着用するのですが、ブラインドライダー用のクラシフィケーションで認められれば、ゴーグルを付けずに出場することが許されています。しかし、そのクラシフィケーションはイギリスでしか実施されていないのです。以前、渡英して検査をした佐藤さんですが、有効期限である4年はもう過ぎていました。実質的にFEI競技へのエントリーを断念した頃に国内競技の開催が決まったとの発表がありました。

「自分で考えて乗っていく」という目標で臨んだ大会

これまでたくさんの競技経験がある佐藤さんですが、今回は今までと違った取り組みをしていました。それは「自分で考えていく」ということで、これはある意味、乗馬から馬術に代わる出来事で「自

クラブ内大会で優勝した時の柳下隆二さんと**アルファ号**。**アルファ**号享年26。

分の馬に自分で考えて乗っていく」ということになるかもしれません。ですから、筆者は人馬のレッスンをするトレーナーではなく、選手をサポートするコーチに徹して大会を迎えたのです。

佐藤さんは、オープン参加でグレードII（速歩あり）に下乗り無しで出場をしました。初日は回り切りましたが、2日目はクォーターライン（中央線と蹄跡の真ん中のライン）に入れず、審判長よりリタイアを宣告されてしまいました。

見えないという世界で、細かな誘導もハードな運動もどれだけ困難であるかと思いますが、普段は盲導犬を伴っている佐藤さんは、試合後に「盲導犬とは互いに命を預け合っているからパートナーを組める。**トゥールモンド号**ともそんなパートナーになれるように頑張りたい」と話してくれました。大変なこともたくさんありましたが、大きな収穫を得て、また新たなスタートを切ったのだと私は感じま

した。

佐藤さんはチームに支えられてこの競技会に挑みました。パートナーの柳下隆二さんとその相棒の**アルファ号**も大事なファミリーです。しかし、遠征から戻る頃、**アルファ号**の体調が優れず、翌未明には息を引き取りました。夏の初めには、いつ心臓が止まってもおかしくないと宣告されていましたが、ゆっくりとのんびりと体調を保っておりました。きっと佐藤さんの競技が終わるまでは小さな命を燃やして待っていてくれたのだと思います。そして大事な二人に直接ほほを撫でお別れをする機会までつくってくれました。**アルファ号**なりに20年という歳月をともに過ごしてくれ、親孝行であったのではないかと思います。

セラピーにせよ馬術にせよ、人であり馬であり、パートナーやチームがあってこそ私たちは大きなチャレンジに挑めると改めてそう思いました。

PROFILE: **塚本めぐみ**
コルザホースクラブ、放課後等デイサービスホースプラネット運営。NPO法人ホースプラネット代表。日本障がい者乗馬協会セラピー本部副本部長。

INFORMATION
コルザホースクラブ
千葉県八街市山田台285
TEL：043-445-6699
E-mail：colza2015@gmail.com
URL：www.colza-horseclub.com

HORSE TALK

田中雅文の「馬を語ろう」

文・写真＝田中雅文

第26回　スノーイーリバーから来た男
The Man from Snowy River

オーストラリアの大地から生まれた
人と馬の血湧き肉躍る冒険叙事詩

オーストラリアの山岳地帯で乗馬をしていると、はるばるアメリカやカナダからやってきた馬乗りに会うことがある。なぜオーストラリアまで馬に乗りに来たのかと尋ねると、映画「The Man from Snowy River」（1982年オーストラリア、邦題：スノーリバー 輝く大地の果てに）を観たからと答える人が多い。

この美しい映画は、オーストラリアの開拓時代に馬を愛し、馬と暮らした人々を描いている。

FRCのオーストラリア乗馬ツアーでは参加者と一緒にビデオ鑑賞することも多かったので、私はこの映画をこれまで50回は観ただろう。

原作はバラード（物語詩、叙事詩）だ。作者はオーストラリアの国民的詩人「ザ・バンジョー」（The Banjo）ことアンドリュー・バートン・パターソン（Andrew Barton Paterson）。オーストラリア国民にとって第二の国歌とも称される「ワルツィング・マチルダ」（Walzing Matilda）の作詞者といえばわかる人もいるだろうか。

原作のバラードは8行、13節からなっている。全部をここに紹介するスペースはないが、一部を取り出し、日本語の説明をつけてみよう。

There was movement at the station, for the word had passed around
That the colt from old Regret had got away,
And joined the wild bush horses—he was worth a thousand pound,
〈羊牧場で騒ぎがあった、噂が飛んだ、名馬レグレットの、あの仔馬が逃げたそうだ、野生馬の群れに入って逃げた—仔馬の価値は千ポンド〉

百年前の千ポンドは大金だ。オーナーはハリソンという老牧場主。映画ではカーク・ダグラスが好演している。

There was Harrison, who made his pile when Pardon won the cup,
The old man with his hair as white as snow ;
〈ハリソンがいた、彼の馬パードンがカップを取ったとき（win the cup：競馬に勝つ）、彼は一財産こしらえた。この老人の髪は雪のように白かった〉

村人を動員して馬を探しに行く日、クランシーという馬の名人も助っ人に駆けつける。

And Clancy of the Overflow came down to lend a hand,
No better horseman ever held the reins ;
〈そしてオーバーフロー村のクランシーも助っ人に駆けつけてきた、かつて彼ほどの手綱さばき（hold the reins）を見せたホースマンはいなかった〉

そして主人公の若者が登場する。

And one was there, a stripling on a small and weedy beast,
〈そして彼がやってきた、小さく貧相な（weedy：雑草weedの形容詞。血統がはっきりしない動物を形容するときにも使う語）馬に乗った若者（stripling：若者を指す古い言葉）だった〉

He was something like a race horse undersized,
With a touch of Timor pony—three parts thoroughbred at least—
〈その馬は小ぶりの競走馬のようだった、サラブレッドも少し入ったティモールポニーを思わせる〉

And such as are mountain horsemen prized.
He was hard and tough and wiry—just the sort that won't say die—
〈そして、これこそマウンテンホースマンが誇りとするタイプの馬だった。頑丈で粘り強く筋金入り、決して音を上げない馬だった〉

しかし、老人はその馬と若者を連れて行こうとはしない。

And the old man said, "That horse will never do
For a long and tiring gallop—lad, you'd better stop away,
Those hills are far too rough for such as you"

〈老人は言った、「その馬じゃ無理だろう、長くきついギャロップをこなせまい―若いの、ここで待ってろ、お前なんかにあの山坂はきつすぎる」〉

クランシーがとりなした。

"For both his horse and he are mountain bred."

〈「馬も若者も山育ちだぞ」〉

若者はオーストラリアの屋根、スノーイーマウンテンの山中を流れるスノーイーリバーの出身だった。
野生馬の群れに紛れて逃げた馬を捜索する村人たちは、ついに馬群を発見する。
ハリソンの檄がとぶ。

And the old man gave his orders. "Boys, go at them from the jump,
No use to try for fancy riding now."

〈老人の檄が飛んだ。「いいか皆、最初から全力でやってくれ、カッコつけて乗るんじゃないぞ」〉

オーストラリアのヴィクトリア州コリヨンに建つ銅像。急坂を駆け下りる若者と馬のエキサイティングな場面がモチーフだ。
©Mattinbgn クリエイティブ・コモンズ・ライセンス (表示 3.0 国際)【https://creativecommons.org/licenses/by/3.0/deed.en】トリミング使用。

Fancy riding（上品な乗馬）をしている時ではないぞというのだ。No fancy riding（カッコつけない乗馬）、これはオーストラリア乗馬のキーワードかもしれない。私はオーストラリアで外乗するたびに、この言葉を思い出す。

そして馬追いが始まった。全力疾走する野生馬の群れを追う騎馬の男たち。山の上の崖っぷちに追い詰められた野生馬の群れは、絶壁のような急斜面を駆け下りていく。さすがの男たちも手綱を引いた。しかし若者だけは……。

But the man from Snowy River let the pony have his head.
And he swung his stockwhip round and gave a cheer.
And he raced him down the mountain like a torrent down its bed.
While the others stood and watched in very fear.

〈しかしスノーイーリバーから来た若者だけは馬を止めなかった。鞭を振り鳴らし、叫び声をあげた。そして急坂を、川床を走る奔流のように駆け下りていった。ほかの男たちは恐怖にひきつった顔で立ちすくんでいた〉

And alone and unassisted brought them back.

〈そして若者はただ一人で馬の群れを連れ帰ってきた〉

バラードの最後はこのように終わる。

The man from Snowy River is a household word today,
And the stockmen tell the story of his ride.

〈「スノーイーリバーから来た男」は今や誰もが知る言葉となった。彼の騎乗ぶりはストックマン（stockman：オーストラリアで馬を用いて牧畜業に従事する者）たちの伝説となった〉

フリーダム・ライディング・クラブ（FRC）の乗馬旅行

目からウロコの2泊3日！ 乗馬合宿in宮城蔵王
2024年4月6日(土)～8日(月)
• 馬と人のバイオメカニクスについての講義
• 「裸馬」バランス訓練で騎座を確立
• グラウンドワークと外乗技術習得のためのTREC
• ライダーのためのエクササイズと「受身」の練習
• 安心安全、小ぶりで安定した和種系の馬を使用
• 初めてでも風をきっての駈歩が可能

高原の風になろう！「九州くじゅう高原」乗馬ツアー
2024年4月19日(金)～21日(日)
• 緑の大草原でのキャンター
• グラウンドワークと外乗技術習得のためのTREC
• ライダーのためのエクササイズと「受身」の練習
• ココペリウエスタンライディングの外乗馬を使用
• 和太鼓Drum Tao野外ライブ（オプション）
• 乗馬の後は温泉とグルメで贅沢なくつろぎを

PROFILE：田中雅文
1951年東京都出身。
外国語関連サービスに20年間携わったあと、1995年に「海外乗馬を通じ世界の文化を知る」フリーダム・ライディング・クラブ（FRC）の活動を開始。以来四半世紀以上にわたり、"乗り方は自由、舞台は世界"をモットーに世界各地への馬の旅を続けている。

フリーダム・ライディング・クラブ（FRC）会員募集中！

FRC定例会 第192回 2024年1月17日(水) 馬について語り合う楽しい夕食会。
どなたでも参加できます！ テーマ：アジア大会にみる中国の台頭
講 師：沖崎誠一郎（おきざき・せいいちろう）氏 鍋掛牧場代表
時 間：18:15～21:00(18:15会食、19:30講演)
会 場：新橋亭（しんきょうてい）東京都港区新橋2-4-2
参加費：FRC会員 9,000円 非会員 11,000円（本格中国料理のコース付き）
E-mail：frc.freedomridingclub@gmail.com URL：[フリーダムライディングクラブ]で検索

読者の皆さんとつくっていくコーナー
それが UMA LIFE CLUB です！

初代部長改めとん平の写真提供：
ポニーズクラブ
（バジガクホールディングス）

もう 2024 年第 1 号ですよ！ ボク、UMA LIFE CLUB の初代部長に任命された、初代部長改め、**とん平**です！

約 2 年前、バジガクの牧場で遊んでたところをスカウトされました。その頃は里親を募集していたのですが、結局バジガクの生徒の皆さんが、ずっとお世話をしてくれることになりました！

そこで生徒の皆さんからもらった名前が、**とん平**です！皆さま、これからもよろしくお願いします！

UMA LIFE CLUB

おハガキ・メールでお題にお答えいただいた「Reader's ANSWER」をお届け！

今回は、ファッションについての話題で、読者の皆さまからアンサーをいただきました！

皆さんそれぞれ、心掛けていることは少しずつ違いますが、楽しく乗馬ができるように、工夫しているってところは共通してますネ！

どろんこになったり汚れたりしてもいいけど、やはりオシャレごころも忘れないようにしています。私は赤が好きなのでところどころにさし色で赤を入れています。
——kayoさん（東京都）

病院に運ばれてもよい様な服装をと思っていますが、色は大体赤系統が多いです。
——センメイさん（岐阜県）

Reader's ANSWER
乗馬ファッションで
心掛けていることは何ですか？

ボクたちがスリスリカプカプしてもいいような服装は確かに必要かも！ でも高いジャケットにスリスリカプカプしても許してネ♡

デザイン性とスワロフスキーです！私に合うデザインか！ スワロフスキーのキラキラが付いていて、自分がこれを身に付けたら似合いそーと思ったら購入します。
——Sammyさん（大阪府）

えりつきの服を着ること。体にフィットした動きやすい服で馬に乗ること。
——ヒロッペさん（兵庫県）

絶対洗濯できて白以外、そして安くて丈夫でしょう。愛馬のスリスリとカプカプ攻撃対策にはかかせません。
——H・Mさん（宮城県）

なんといっても「動きやすい」が一番です。
——芝童さん（神奈川県）

ブーツです。始めたての頃は安いチャップスで、次にブーツになり、今は革製で手入れしながら大事にはいています。
——きのじいさん（栃木県）

年齢に負けないよう普段は着ないような明るい色を選ぶ。
——どらごんさん（三重県）

身軽でうごきやすくてポケットがたくさんあること。
——子ザルさん（静岡県）

その日の気温にあっていることと安全性（バタつきフード）。実用性のみです、残念ながら。
——himasagashiさん（千葉県）

上下ともに動きの妨げにならない様、ストレッチ性に富んだウェアを着用しています。足元から頭まできちんと正装することを心掛けています。
——ディーバァさん（福岡県）

汚れてもすぐ洗える素材を選びます。
——I・Tさん（東京都）

馬の毛色とのバランス色、ハデな色の服やキュロットでなくビデオを撮った時などよくわかるファッションというか服装。
——O・Tさん（愛知県）

スタイリッシュに見え、かつ
動きやすいこと。
──オオリンゴさん（滋賀県）

ぽっちゃり体型なのでファッショナ
ブルな乗馬スタイルはできません。
練習ではとにかく汚れてもよし!!
のスタイルです。
──小鯵さん（石川県）

動きやすさ、肌触り、格好よさ。
──I・Jさん（宮崎県）

デザイン性とスワロフスキーです！
私に合うデザインか！ スワロフス
キーのキラキラが付いていて、自分
がこれを身に付けたら似合いそーと
思ったら購入します。
──Sammyさん（大阪府）

姿勢が見やすいようにブカブカの服装
では乗らないようにしています。
──鉄琴さん（石川県）

馬に目立つように派手な色の
服を着ています！
──BONサワさん（福岡県）

これから乗馬クラブに入って楽
しみたいです。スリムなズボン
が似合うよう筋トレが必要？
──まっちゃんさん（徳島県）

機能的でありつつ、人とかぶらない
こと。ピンク、赤を中心にかわいく。
──ハナエさん（東京都）

特にはない。
──ななこさん（神奈川県）

皆さんの投稿をお待ちするこのコーナー。
今回は、ヒロっぺさんから、北海道の馬旅の様子を伝え
てくれるメールが届きました！ いつもありがとうござ
います！

UMA LIFE CLUB COLUMN

10月の北海道馬旅 ──ヒロッペさん（兵庫県）

北海道馬旅をしてきました。
神戸から飛行機でひとっとび。新千歳からはレン
タカーです。まずは、「おひさま牧場」でミニチュア
ホースとのふれあい。モフモフ馬たちはとても人
懐っこく、牧場を走り回りモグモグと草を食べてい
ました。
Yogibo（ヨギボ〜）でおなじみ「ベルサイユリゾー
トファーム」では、引退名馬の見学をしました。
外乗は三カ所行きました。「遊馬らんどグラスホッ
パー」や「ホースガーデンMURANAKA」での乗馬
も楽しかったのですが、今回の旅の一番の目的地
は、「うらかわ優駿ビレッジAERU」。ここでは功労
馬たちにも会えますが、外乗が最高！ 広々とした
JRA日高育成牧場敷地内の草原や丘を速歩・駈
歩しながら乗馬を楽しみ、景色を堪能しました。
私の騎乗馬は「アーモンドパイ」、インストさんの騎
乗馬は「ゴールドチップ」。一字違いの馬の名前に
遊び心があって、クスッと笑えました。

アーモンド
パイ

ゴールドチップ

PhotoGrid

Let's CHALLENGE!!
UMA LIFE CROSSWORD PUZZLE

クロスワードパズルを解き、A から H までを並べてできた言葉を
巻末のプレゼント応募ハガキの❸に記入して、ご応募ください。
正解者の中から抽選で5名様に、「馬ライフオリジナル A5 ノート」を差し上げます。
締め切りは、2023 年 1 月 19 日㈮当日消印有効です。発表は賞品の発送をもって代えさせていただきます。
ご了承ください。正解は 2024 年第 2 号で発表いたします。

◉ヨコのマス

1：水田と水田の間の境目で土を盛り上げたもの。
3：体が平らでひし形をした魚。
5：主にカクテルのベースになる蒸留酒。
6：主題が異なった楽想の挿入部をはさんで何度か繰り返される楽曲。
7：馬に曳かせて人や荷を運ぶ車。
8：かばんや財布の側面の部分。
9：食物を盛り付けるための容器。
10：反対などの否定を表す英語。
11：グリム童話で雪のように白い王女が主人公の物語。
15：日本のスーパーコンピューターの名前にもなっている、1 兆の 1 万倍の単位。
17：ハワイで頭や首にかける飾り。
18：家の壁や窓に取り付け、室内の空気を排出する器具。
20：ブラジルにある都市でオリンピックも行われた。
21：5 月を英語で。
22：ぐっすりと眠ること。
23：38 年ぶりに日本一になったプロ野球チームの動物。

◉タテのマス

1：芳しい香り。本誌連載でも隔月でお目見え。
2：英語で名詞の前につけ、意味を付け足す品詞。
4：関東地方北東部にある太平洋に面した県。
5：蛇の目のような同心円を基調にした模様。
9：水を沸かしたお湯。
12：ロバとウマを掛け合わせた家畜。
13：好意的な見方をすること。
14：柑橘系の果物でミカンのような果実。
16：インド料理を代表するパン。
18：無秩序、混沌という状態を表す意味で使われるカタカナ。
19：学校で教えを受ける者。

パリオリンピックでは、ボクの好きなドイツのデレラちゃんやイギリスのグラマーデイルさんが見られるかな？ ジャンパーではスウェーデンのキング・エドワードさんとかもかっこいいですネ！ 楽しみです！

HINT
手前を替えてスピードアップ！

A	B	C	D	E	F	G		

前回 2023 年第 12 号
「クロスワードパズル」の答え

パ(A) リ オ(C) リ(D) ン(E)
ピ(F) ツ(G) ク(H)

UMA LIFE CLUB では、皆さんの投稿をお待ちしています！

写真、イラスト、文章の投稿を随時大募集！

文章の投稿（400 字以内）は、乗馬のフリーな話題、馬にまつわる映画や本、
イベントその他の話題、競馬の話題など

馬のことならなんでも OK！ドシドシご応募ください！

投稿を採用させていただいた方には、投稿者プレゼントとして「馬ライフオリジナルノベルティー」を進呈します！

投稿はメール「umalife@metpress.co.jp」まで。
件名に「UMA LIFE CLUB」とお書きください。

郵送での投稿先▶㈱メトロポリタンプレス
〒 174-0042 東京都板橋区東坂下 2-4-15 TK ビル 1 階
「UMA LIFE CLUB」係　まで。

お名前（ペンネームもあれば）、ご住所、ご連絡先のご記入をお忘れなく！

次の「Reader's ANSWER」のお題は
「あなたが『こんな乗馬クラブがあったらいいな』と思うのは、どんな乗馬クラブ？」
巻末のハガキか、メールにてお答えください。
2024 年第 3 号に掲載予定です。
（※投稿者プレゼントの対象ではありません）

あなたの乗馬クラブ＆外乗ツアー探しをバックアップ！

CLUB GUIDE

乗馬クラブ牧場ガイド

TOPICS

☆千葉県にニューオープン！
　NORMAN STABLE ［千葉］…………P.85

☆馬ライフを見て準会員にご入会された方に、野外騎乗券（30分）プレゼント
　八王子乗馬倶楽部［東京］…………P.85

☆馬上弓くらべスクール開催！
　サドルバック牧場［神奈川］…………P.86

☆高原外乗参加者募集
　カナディアンキャンプ八ヶ岳［山梨］…………P.87

☆やぶさめ教室、レッスン参加者募集
　カナディアンキャンプ乗馬クラブ［福岡］…………P.88

体 体験乗馬
屋 屋内馬場
外 外乗
自 自馬会員
V ビジター
N ナイター
S 乗馬教室・スクール
B ブリティッシュ・スタイル
W ウェスタン・スタイル

埼玉　乗馬クラブ アップリケ牧場　体 B

〒359-1167 埼玉県所沢市林1-15-7　Tel：04-2937-7713　Fax：04-2937-7713
Mail：info@arfarm.net　URL：www.arfarm.net/

★新規会員募集中！

一緒に過ごす時間

乗馬クラブ アップリケ牧場では、馬たち1頭1頭とじっくり向き合って、コミュニケーションをとる時間を大切にしています。騎乗するだけでなく、お手入れしたり放牧場で過ごす馬たちを眺めたり。馬たちそれぞれの個性が見えてきて、言葉を持たない彼らの気持ちが伝わってくる、そんな瞬間が乗馬の最大の魅力なのです。

■入会金
正会員　小学5年生～ 39歳…………………77,000円
　　　　40歳～ 64歳…………………………110,000円

■会費
月額……………………………………………12,650円

■騎乗料
………………………………………………3,850円～
体験……………………………………………5,500円
（時間30 ～ 40分、レッスン料含む、レンタル料別途必要）

設　　備：クラブハウス、シャワー、更衣室、ロッカールーム、個人鞍庫、専用ロッカー、林間放牧場
馬場面積：20×60m、丸馬場20×40m
アクセス：【電車】西武池袋線［武蔵藤沢駅］より送迎有り、要予約。【車】圏央道［入間IC］より約10分。
営　　業：8:00 ～ 17:30
　　　　　（7 ～ 9月は、7:00 ～ 18:30）
定　　休：祝日を除く毎週火曜日

代表者：粕谷和敏　動物取扱責任者：粕谷英樹　貸出し：76-0446　販売：76-0266　展示：76-0269　登録：平成29年1月31日

千葉　コルザホースクラブ　体自V B

〒289-1124 千葉県八街市山田台285　Tel：043-445-6699　Fax：043-445-6699
Mail：info@colza-horseclub.com　URL：https://www.colza-horseclub.com

★ホースセラピーも充実。

■入会金
正会員…………………………………………220,000円
1年会員………………………………………110,000円
準会員…………………………………………入会金無し

■会費
月会費…………………………………………19,800円
年会費…………………………………………217,800円
準会員（年）……………………………………44,000円

■騎乗料
1鞍30分（指導料含む）………………………6,050円
準会員1鞍30分（指導料含む）………………12,100円

■体験乗馬（レンタル料＋保険料込み）
引き馬…………………………………………2,750円
ビジター………………………………………14,300円
ビジター 2回コース…………………………26,400円
ホースセラピー………………………………7,700円

設　　備：30×80角馬場、40×60角馬場、丸馬場、福祉トイレ
アクセス：【バス】JR［千葉駅］10番のりば中野操車場行きで［中野操車場］下車または［曲の手］下車。【車】千葉東金道路［山田IC］1km、［中野IC］2km、圏央道［東金IC］4 km。
営　　業：8:30 ～ 18:00
定　　休：水曜日

動物取扱い責任者：塚本めぐみ　動物取扱い承認番号：保管141707、訓練141715、販売1417917、展示144723

※価格は特別な記載のない限り、すべて税込みです

千葉 Circle E Horse Farm

体自V B

〒289-1126 千葉県八街市沖1210-2　Tel：080-3599-8998
Mail：circle.e.horse@gmail.com　URL：https://circle-e-horse-farm.jp　Instagram：

★ドイツ馬のリースを行っていますのでお問い合せください。

■入会金
一般会員・・・・・・・・・・・・・・・・・・・・110,000円
平日会員・・・・・・・・・・・・・・・・・・・・66,000円
ジュニア会員（22歳以下）・・・・・55,000円

■月会費・・・・・・・・・・・・・・・・・・・・12,100円

■騎乗料
会員・平日・・・・・・・・・・・・・・・・・・・6,050円
会員・土日祝・・・・・・・・・・・・・・・・・7,150円
ビジター体験乗馬（30分）・・・・・・・・・3,300円
ビジターレッスン・平日（初回）・・・・11,000円
ビジターレッスン・土日祝（初回）・・13,200円

※**UMA LIFE**からのご予約特典あります。
　詳しくはお問い合わせください。

■自馬預託
入厩料・・・・・・・・・・・・・・・・・・・・・・110,000円
※預託料は飼料高騰のためお問い合せください。
　装蹄代、獣医代などは実費。

設　備：馬房15、パドック、ドレッサージュアリー
　　　　ナ、ウォーキングマシーン、ホースパワー
　　　　プレート、ソラリウム、クラブハウス、タッ
　　　　クルームほか
馬場面積：50×40m、20×60m
アクセス：【車】東関東自動車道［佐倉IC］より
　　　　　12km、千葉東金道路［中野IC］より4km。
営　業：7:30 ～ 11:30 ／ 14:00 ～ 17:00
　　　　（夏季6:00 ～ 9:30 ／ 15:00 ～ 18:30）
定　休：火曜日

健康な馬たちと、馬ライフを楽しもう！

当クラブは、お客様とパートナーである大切な馬たちが、素敵な時間と環境のなかで過ごせるよう、日々、進化を遂げています。その実現のためには何よりも馬たちの健康を第一に考えます。さまざまなマシンを導入し、馬たちの健康管理に力を注いでいます。
充実した馬ライフを送りたい方は、ぜひ私たちにお任せください。皆様のお越しをお待ちしております！

動物取扱責任者：那須野 綾　動物取扱承認番号：19-印健福 358-1 359-1 360-1 292-2 361-1

千葉 NORMAN STABLE

体自V B

〒290-0011 千葉県市原市能満2037-1　Tel：090-2743-8615（担当：亀井）
Mail：hello@normanstable.com　URL：https://www.normanstable.com/

■入会金・・・・・・・・・・・・・・・・・・・・220,000円

■月会費・・・・・・・・・・・・・・・・・・・・16,500円

■騎乗料
会員・・・・・・・・・・・・・・・・・・・・・・・・5,500円
ビジター・・・・・・・・・・・・・・・・・・・・12,000円

■体験乗馬・・・・・・・・・・・・・・・・・・5,400円

■自馬預託・・・・・・・・・・・・・・・・143,000円

馬の特徴：当クラブの馬たちは十分に調教を行っているとても頼もしいパートナーばかりです。
設　備：馬場50×60m、馬房9、パドック、クラブハウス
アクセス：【電車】JR内房線［五井駅］よりタクシーもしくはバスで10分。【車】館山自動車道［市原IC］より10分。
営　業：9:00 ～ 17:00
　　　　※夏時間7:00 ～ 9:30/17:00 ～ 19:00
定　休：月曜日

「絆」心で語り、気持ちに乗る。

当クラブのレッスンは基本的に1 ～ 3名の少人数制です。お客様一人一人の目標に寄り添い、確実にステップアップできるようお手伝いします。初心者の方はご入会後も安心してお越しいただけるよう、十分に慣れるまで指導員がマンツーマンでレッスンします。

★読者特典：オープンキャンペーン実施中！
体験乗馬：通常5,400円／回⇒**特別割引 4,320円／回**
ビジター：通常12,000円／回⇒**特別割引 9,600円／回**（ただし初回限定）

動物取扱責任者：亀井昭範　動物取扱承認番号：登録番号23-市原健福560-1、登録番号23-市原健福267-2

東京 八王子乗馬倶楽部

体自V B

〒192-0003 東京都八王子市丹木町1-501　Tel：042-691-1915　Fax：042-691-6019
Mail：info@hachioji-rc.co.jp　URL：www.hachioji-rc.co.jp　FB：「八王子乗馬倶楽部」で検索

★準会員（3カ月限定会員）募集中！

■入会金
準会員（3ヵ月限定）・・・・・・・・・・・・38,500円
1年限定・・・・・・・・・・・・・・・・・・・165,000円
正会員・・・・・・・・・・・・・・・・・・・・385,000円
ジュニア・・・・・・・・・・・・・・・・・165,000円～

■月会費
個人・・・・・・・・・・・・・・・・・・・・・13,750円
ジュニア・・・・・・・・・・・・・・・・・・34,650円

■騎乗料
会員1鞍45分（レッスン料含む）・・・・・・・6,930円
ビジター1鞍30分（レッスン料含む）・・・・・・8,800円
ジュニア会員・・・・・・・・・・・・・・・・・・・・無料

■体験乗馬
2回コース・・・・・・・・・・・・・・・・・・8,800円
ポニー2回コース・・・・・・・・・・・・・・8,800円

馬の特徴：所有馬42頭、ポニー 12頭、預託馬20頭
設　備：レストラン、クラブハウス（ロッカー、シャワー付き）
馬場面積：5,000㎡。
　　　　　クロスカントリーコース＝15,000㎡
アクセス：【電車】京王・JR［八王子駅］より西東京バスで［丹木1丁目］下車。※無料送迎バス有（要予約）。
営　業：9:00 ～ 18:00
定　休：火曜日

都内で唯一、クロスカントリーコースを完備した倶楽部です

初めて乗馬をされる方、今の乗馬環境を変えてみたい方、よりハイレベルな騎乗を目指したい方、倶楽部選びで迷っている皆さま、どうぞ当倶楽部へお越しください！有意義な乗馬ライフを過ごすための「3カ月お試し会員制度」もご用意してます。

★読者特典★馬ライフを見て準会員にご入会された方に、野外騎乗券（30分）プレゼントいたします。

設立：昭和45年4月15日　動物取扱責任者：細野利昭　保管：11東京都第100508号　販売：11東京都販第100508号　展示：11東京都展第100508号　登録：平成19年1月22日　登録更新：平成24年1月22日

東京 東京乗馬倶楽部

体自S B

東京都23区内にある唯一の
乗馬クラブです

〒151-0052 東京都渋谷区代々木神園町4の8
Tel：03-3370-0984　騎乗予約専用ダイヤル：Tel：03-3320-6860　Fax：03-3370-2714
URL：www.tokyo-rc.or.jp　FB：「東京乗馬倶楽部」で検索

■入会金
正会員（有効期間無制限）……………… 2,500,000円
※入会にあたり正会員2名のご紹介が必要です。

■年会費
…………………………………………… 96,000円

■騎乗料
…………………………………………… 5,400円
※指導料が別途かかります。

★ビジター騎乗もございます!!
平日騎乗料 …………………………… 9,500円
　指導料（調馬索）………………… 3,600円～
　指導料（レッスン）………………… 4,900円
※詳細はお問い合わせ下さい。

アクセス：【電車】小田急線［参宮橋駅］（新宿駅より
　　　　　2駅目）下車、徒歩2分。
営　　業：8:15 ～ 18:30
　　　　　（天候・季節により変更あり）
定　　休：月曜日（祝日の場合は火曜日）

設立：大正10年3月23日　動物取扱責任者：嘉納寛治　動物取扱承認番号：動保第100019号　展示：11東京都展第001281号　登録：平成19年4月19日　平成25年4月より公益社団法人になりました。

神奈川 クリエ三浦

体自V S B

三浦半島にある乗馬クラブです

クリエ三浦は三浦半島の小高い丘の上に位置し、東に房総半島、南に大島を望み、西には江ノ島・伊豆の山並みを従えた富士山を仰ぎ、緑の絶えない畑と森に囲まれ、バードウォッチングやオリエンテーリングなども盛んな自然環境豊かな中にあります。初めて乗馬をされる方でもインストラクターが個別に丁寧にレッスンいたします。生涯スポーツとしての乗馬をぜひお楽しみください。

〒238-0115 神奈川県三浦市初声町高円坊1242　Tel：046-888-4059　Fax：046-889-2029
Mail：kuriemiura@nifty.com　URL：http://kuriemiura.sports.coocan.jp　FB：「クリエ三浦」で検索

■入会金
正会員 ………………………………… 176,000円
1年会員 ………………………………… 93,500円
平日会員 ……………………………… 121,000円
学生会員 ……………………………… 121,000円
家族会員 ……………………………… 242,000円

■会　費（月額）
正会員 …………………………………… 13,200円
1年会員（※年額）…………………… 158,400円
平日会員 ………………………………… 9,350円
学生会員 ………………………………… 9,350円
家族会員 ………………………………… 18,700円

■騎乗料
会員（平日）……………………………… 3,520円～
　（休日）………………………………… 4,070円～
ビジター（平日）……………………… 12,100円
　（休日）……………………………… 13,750円

■預託馬
月額……………………………………… 88,000円～

■体験乗馬教室
2回コース……………………………… 11,000円

設　　備：クラブハウス、乗馬用品ショップ、男女更
　　　　　衣室・シャワールーム、馬房数33
馬場面積：20m×80m、15m×55m、20m×
　　　　　35m、16m×30m
アクセス：【電車】京浜急行［三浦海岸駅］より専用
　　　　　送迎車にて6分。【車】横浜横須賀道路［衣
　　　　　笠（きぬがさ）IC］より約7km、所要時間約
　　　　　17分。
営　　業：9:00 ～ 18:00
定　　休：月曜日（火曜日休みあり）

動物取扱責任者：須江次郎　保管：動愛第220076号、展示：動愛第220077号、登録：平成19年5月25日

神奈川 NPO法人 日本和種馬文化研究協会 サドルバック牧場

V S

和種馬とともに小田原城で
サムライ文化のおもてなし！

在来馬とポニーによる初心者体験乗馬と体験乗馬教室、障害者乗馬会への出張貸馬を行っています。小田原城馬上弓くらべ大会を目指す、初心者からのスクールを、紅葉台木曽馬牧場の菊地氏を講師に迎え、毎月開校。募集定員20名、参加費13,000円（税、ランチ込み）。スクール日程は、ホームページにて。

〒250-0025 神奈川県小田原市江之浦415 Tel：0465-29-0830　Fax：0465-29-0414
Mail：school@saddle-back.com　URL：www.saddle-back.com
FB：https://www.facebook.com/saddleback.jp/

■乗馬教室（各回：定員20名）
紅葉台木曽馬牧場の菊地氏による馬上弓くらべ
スクールを毎月開校。
ランチ付 ……………………………… 13,000円
★馬上弓くらべスクール日程
2024年1月20日(土)、2月17日(土)、3月16日(土)
最新のスクール日程はホームページをご覧ください。
※スクールおよび追加練習、検定会、大会などの問合せ、お申込は、従来の「voice@saddle-back.com」から、「school@saddle-back.com」へ変更となりました。

■入会金／会費 ………………………… 無料

■騎乗料
30分 …………………………………… 5,500円～

馬の特徴：木曽系10頭、和種系1頭、ポニー 6頭
設　　備：レストラン
馬場面積：敷地面積8,000坪流鏑馬練習用コース有
アクセス：【電車】JR東海道線・根府川駅より石名
　　　　　坂行きバスで赤沢で下車（20分）、又は真
　　　　　鶴駅よりタクシーで10分。【車】西湘バイ
　　　　　パス・早川または石橋ICより熱海方面
　　　　　へ向かい旧道135号線へ入り4キロ。
営　　業：10:00 ～
定　　休：火曜定休（出張にて不定休有り、要予約）

設立：平成8年　代表：高橋径行　動物取扱責任者：高橋径行　動物取扱承認番号：動愛第200037号　展示

　※価格は特別な記載のない限り、すべて税込みです

山梨　カナディアンキャンプ八ヶ岳

体外自 V S B W

〒408-0044 山梨県北杜市小淵沢町10235　Tel：0551-36-8061／080-5800-1912
Fax：0551-36-5796　Mail：yatsugatake@canacan.jp　URL：http://www.canacan.jp
FB：「カナディアンキャンプ乗馬クラブ」で検索

高原外乗

八ヶ岳の自然を五感で楽しめる豊富なコースでは、初心者から上級者までレベルに合わせた外乗が楽しめます。
もちろんレッスンも、お客様のレベルに合わせてご対応しております。
馬上での四季をぜひお楽しみください。

■入会金　正会員 ························· 220,000円
　　　　　1年会員 ·························· 88,000円
　　　　　ER（エンジョイライディング）会員
　　　　　································· 330,000円

■会費（月）　正会員、1年会員 ········· 13,200円

■ビジターレッスン　（30分） ·········· 9,900円

■外乗　（60分） ······················ 15,400円

■乗馬教室
お手軽プラン（60分コース） ············ 13,200円
日帰りプラン（90分コース） ············ 16,500円
体験レッスン（20分） ·················· 6,050円
※別途スポーツ保険200円。

1カ月・3カ月スクール随時受付け中！

■預託馬費用（一般・短期の場合）
月額 ······························· 132,000円
日額 ································· 4,400円
※装蹄代・トレーニング料別途、その他要相談
短期預託、随時受け付け中です。ご相談ください。

アクセス：【電車】中央本線［小淵沢駅］下車、駅よりクラブ送迎車にて約10分（要予約）。【車】中央道［小淵沢IC］から清里方面へ（約5分）。
営　業：9:00〜日没まで（冬）、9:00〜17:30頃まで（春から秋）
定　休：火曜日 ※火曜日が祝日やイベントの場合振替定休日有

※2023年2月より移転先での営業となります

動物取扱責任者：奥薗康雄　動物取扱承認番号：2231001

静岡　ライディングクラブ フジファーム

体屋自 V N S B

〒412-0048 静岡県御殿場市板妻861-5　Tel：0550-88-1033　Fax：0550-88-1048
Mail：fujifarm1033@gmail.com　URL：https://www.fujifarm.jp

都心からわずか90キロ

富士の裾野で最高のロケーション。全天候対応の大型インドアでの騎乗は、本格派にも満足していただけます。最良の設備を備えた、日本有数のクラブです。詳しくはホームページをご覧ください。

■入会金
正会員 ······························ 550,000円
準会員（3年） ························ 165,000円

■年会費
正会員 ······························ 132,000円
準会員 ······························ 158,400円

■騎乗料（税込）
正会員（平日） ························ 6,500円
準会員（平日） ························ 7,500円
ビジター（平日） ······················ 9,500円

■乗馬教室〈4回コース〉（税込）
乗馬教室A（15分×4鞍） ··············· 13,000円
乗馬教室B（20分×4鞍） ··············· 19,500円
乗馬教室C（30分×4鞍） ··············· 26,000円

設　備：クラブハウス、カフェラウンジ、レストラン、プロショップ、バス、サウナルーム、レクチャールーム、ロッカールーム、レセプションルーム、ゲストルーム、ウォーキングマシーン、馬体重計、馬具ショップ、放牧場20面
馬場面積：インドア馬場65×32m（ナイター設備）、屋外馬場80×40m
アクセス：【電車】JR［御殿場駅］より車で8分。【車】東名［御殿場IC］より8分、［裾野IC］より6分。
営　業：8:00〜17:00
定　休：月曜日（祝日の場合は火曜日）

世界のトップライダーが愛用するフランス製馬具メーカー CWD。
当社はCWDの日本正規代理店です。
最高品質の馬具を提供致します。
CWD商品（鞍、馬具、ウェア）販売　日本総代理店
Mail：daikuma10@gmail.com　担当：川口大輔
Tel：0550-88-1033　携帯：090-5856-0905

CWD JAPAN

【SE25】2GS　【SE32】2GS Madam　【GE03CM】

代表者：川口巌　設立：平成6年8月ニューオープン　動物取扱責任者：川口大輔　展示：225706003　登録：平成18年12月11日

静岡　つま恋乗馬倶楽部

体屋自 B

〒436-0011 静岡県掛川市満水2000 つま恋リゾート彩の郷内
Tel：0537-23-5540　Fax：0537-23-5110　Mail：caljapan.info@gmail.com
URL：https://cal-japan.com　FB：https://www.facebook.com/tsumagoi.jouba/

広い馬場で乗馬を楽しみたい方に

日本最大級の芝の馬場やインドア馬場を持つ、自然に囲まれた乗馬施設です。
馬に乗って芝馬場のお散歩を楽しんでみませんか？
お試し3カ月の期間会員もございます。
お気軽にお問い合わせください。

■入会金
期間会員（3カ月） ······················ 44,000円
平日会員 ······························ 330,000円
個人会員 ······························ 550,000円
法人会員 ··························· 1,100,000円

■年会費
期間会員（3カ月） ······················ 55,000円
平日会員 ······························ 220,000円
個人会員 ······························ 220,000円
法人会員 ······························ 440,000円

■騎乗料（税込）
1〜3名の少人数制（40分） ·············· 4,800円

■預託料 ····························· 209,000円

■体験乗馬（会員と同じレッスンが受けられる入会体験）
40分 ································ 16,500円

設　備：芝馬場、インドア、角馬場、ウォーキングマシーン、放牧場、クラブハウス、喫茶売店、会員専用ラウンジ、更衣室、シャワー
アクセス：【電車】新幹線［掛川駅］下車。東京から1時間50分、大阪からは2時間、名古屋からは1時間。【車】東名高速道路［掛川IC］より20分、［掛川駅］より15分。東京〜大阪の中間位置にあります。
営　業：8:30〜19:00（季節により変更あり）
定　休：火曜日

動物取扱い責任者：渡辺輝明　動物取扱い承認番号：販売：第227613011号、保管：第227613012号、訓練：第227613013号、展示：第227613014号

兵庫 カナディアンキャンプ神戸

体 自 V S B W

〒669-1503 兵庫県三田市乙原391-1　Tel：079-566-1751　Fax：079-560-3100
Mail：ccrkobe@icloud.com

**少人数レッスンが、
皆様に喜ばれています。**

ブリティッシュ、ウエスタンスタイル、お客様の乗馬
目標に寄り添うレッスンを行っております。
初心者様への体験乗馬や3カ月レッスンプランもご
用意しております。
気楽にお問い合わせください。

■入会金　正会員 ························· 220,000円
　　　　　家族会員 ······················ 110,000円

■会費（月額）　正会員 ················· 16,500円
　　　　　家族会員　大人 ··············· 16,500円
　　　　　　　　　　学生 ··············· 8,800円

■騎乗料
○会員（指導料込） ····················· 4,950円
　※お得なチケットあります。
○ビジター（45分、騎乗料＋指導料） ····· 9,900円
　※要予約、保険料200円は別途。
○体験乗馬（20分） ····················· 4,400円
　※要予約、保険料200円は別途。

■3カ月スクール（10回分） ············· 44,000円
30分のレッスンの他に馬装、手入れまで指導。乗馬
の基礎と馬の扱い、お世話の仕方が身に付きます。
※要予約、保険料200円は別途。

■預託料（月額） ······················· 110,000円

■入厩料 ······························· 220,000円

馬の特徴：ブリテイッシュ、ウエスタンそれぞれの
　　　　　スタイルに合った馬たちを揃えておりま
　　　　　す。とてもおとなしい性格の馬たちばか
　　　　　りです。
設　備：角馬場1面（35×80m）、放牧場2面（30×
　　　　30m×2）、丸馬場1面（直径15m）、クラ
　　　　ブハウス（更衣室、シャワー室有り）、厩舎
　　　　（4×4m）
アクセス：【バス】JR［三田駅］から20分、［赤坂口］
　　　　　バス停で下車、徒歩15分（赤坂口バス停
　　　　　まで送迎可能）。【車】［神戸三田IC］から
　　　　　約30分。
営　業：9:00 〜日没まで
定　休：火曜日（第2、第4火曜日に準ずる水曜日）

動物取扱い責任者：中山美香　動物取扱い承認番号：兵庫県第1915427

三重 Riding Club CARECA （ライディングクラブ カレカ）

体 屋 自 V S B

〒518-0441 三重県名張市夏見2586　Tel：0595-63-6091　Fax：0595-63-6677
URL：http://ridingclubcareca.com

**2022年4月
GRAND OPEN ！**

四季折々に変化する木立ちが並ぶ自然豊かな環境で
乗馬ライフを楽しんでいただけます。
馬との対話を大切にし、細かな馬の管理を心がけて
います。
少し上のランクを目指したい方、乗馬の趣味を少し
極めたい方、是非一度ご来場ください。

■入会金
○一般会員 ····························· 220,000円
○ジュニア会員 ························· 110,000円
○家族会員（4名まで） ················· 880,000円
○法人会員（10名まで） ··············· 2,200,000円
　※自馬会員はいずれかに属すものとする

■年会費と月会費（月会費は4回の騎乗料含む）
○一般会員 ············ ［年］44,000円、［月］22,000円
○ジュニア会員 ········ ［年］22,000円、［月］11,000円
○家族会員 ············ ［年］88,000円、［月］44,000円
○法人会員 ············ ［年］220,000円、［月］110,000円
○自馬会員 ············ ［年］44,000円、［月］預託料に含む

■騎乗料（45分）
○一般会員 ····························· 5,500円
○ジュニア・家族・法人会員 ············· 3,300円
　※自馬会員はいずれかに属すものとする

■ビジター
○ビジター（45分） ····················· 11,000円
○体験乗馬（30分） ····················· 5,500円
○乗馬スクール（30分×4回） ············· 30,800円
　※レンタル、エアバッグ、ブーツ、チャップス、ロッカー使用料込み。

■自馬入厩料 ··························· 330,000円

■預託料（月額） ······················· 165,000円

設　備：芝馬場、インドア、屋外馬場、クラブハウ
　　　　ス、更衣室
アクセス：【電車】近鉄・大阪線［名張駅］下車。駅よ
　　　　　り送迎可能（約6分）。【バス】［名張駅］東
　　　　　口からバスに乗り［夏見］で下車。バス停
　　　　　から徒歩で約7分。【車】名阪国道［上野
　　　　　IC］から約30分。［針IC］から約30分。
営　業：9:00 〜 17:00
定　休：火曜日、金曜日

動物取扱責任者：梅田信　動物取扱承認番号：賀展R第3-1号

福岡 カナディアンキャンプ乗馬クラブ

体 屋 外 自 V N S B W

〒811-3501 福岡県宗像市神湊44-1　Tel：0940-62-1912　Fax：0940-62-0012
Mail：ccr@canacan.jp　URL：http://www.canacan.jp
Instagram：ccr_kyusyu　FB：「カナディアンキャンプ乗馬クラブ」で検索、もしくは下記QRコードから

**思う存分に駆歩を楽しんでいただける
外乗コースがたくさんあります！**

クラブ周辺はビーチ、リバーサイド、森と、外乗コース
に恵まれております。お一人様から団体様までお気軽
にご来場くださいませ。初心者向けのやぶさめ体験や
経験者向けのやぶさめレッスンも行っております。
また神湊港からフェリーで15分の福岡県で一番大き
な島「大島」に、養老馬、育成馬の牧場もあります。

■乗馬料金、入会金各種料金については
　ホームページをご覧ください。

馬の特徴：中間種、クォーター、アラブ、KWPNなど
設　備：屋内馬場、丸馬場、放牧場、クラブハウス、
　　　　シャワー、ロッカー
馬場面積：40×160m、20×60m
アクセス：【電車】JR［博多駅］より快速で［東郷
　　　　　駅］下車（25分）※駅より送迎可能（約10
　　　　　分）。【車】北九州自動車道［古賀IC］か［若
　　　　　宮IC］より約30分。
営　業：9:00 〜日没
定　休：火曜日

■インスタ、フェイスブックもぜひチェックを！

FaceBook

Instagram
カナディアン
キャンプ
乗馬クラブ

Instagram
カナディアン
キャンプ
大島牧場

九州のほかに八ヶ岳（山梨）、神戸（兵庫）、北海道
にも施設があり、ご入会いただきますとすべて
のカナキャンで会員登録をいたします。
詳細はホームページをご覧ください。

動物取扱い責任者：山口晋兵　動物取扱い承認番号：展示4057500001号

Recruitment 馬のお仕事・リクルート

大阪府 イデア馬事苑

馬好き 集まれ!!
診療部門／乗馬部門
スタッフ募集
（正社員・アルバイト・研修生）

職種　獣医師、馬看護師、乗馬インストラクター、グルーム、厩務員

資格　18歳以上の経験者、要普通免許、単車または自動車通勤可能な方、乗馬ラ
　　　イセンス、乗馬指導者等の資格保持者優遇。未経験者は研修期間を経て正
　　　社員登用

待遇　社会保険、雇用保険、労災保険、厚生年金等の福利厚生完備、各種手当、
　　　寮住可、休日は週休1日（スケジュール調整のうえ）、夏季休暇6日間（最長8日）、
　　　正月休暇6日間（最長8日）

給与　経験・能力・実績を考慮して委細面談。賞与年2回、年1回昇給あり

応募　メール・電話・ファックス等にて連絡後、写真付き履歴書をご送付ください。
　　　書類選考後、実技および面接いたします

備考　勤務地はイデア馬事苑内

担当者：阿部卓也　tel：072-894-8516　fax:072-894-8517
〒573-0114 大阪府枚方市穂谷4563
E-mail：ideabajien@gmail.com　URL：http://www.idea.jp/

大阪府・東京都 乗馬サロン ピアッフェ

2024年3月、大阪に新店舗オープン!
東京の2店舗と併せ
店舗スタッフ募集!
（正社員・アルバイト）

東京日本橋三越本店と新宿高島屋に常設店舗をかまえる乗馬サロン ピアッ
フェは国内外の高品質でファッショナブルな乗馬用品を取り扱うセレクト
ショップです。2024年3月に新たに大阪高島屋に店舗をオープンするため
新規オープニングスタッフを募集いたします。また、より一層の飛躍のため
に東京の店舗スタッフ（正社員・アルバイト）を募集いたします。馬が大好
きでやる気のある意欲的な方、奮ってご応募ください。

職種　店舗スタッフ（正社員・アルバイト）

資格　年齢性別不問

待遇　当社規定による

給与　経験、能力を考慮のうえ委細面談にて

応募　電話連絡後、写真つき履歴書を持参ください

備考　勤務地は大阪、日本橋、新宿

担当者：渡邊　tel：03-3274-1638
〒103-8001 東京都中央区日本橋室町1-4-1 日本橋三越本店 本館4階
E-mail：nihonbashi@piaffer.co.jp　URL：www.piaffer.co.jp

静岡県 つま恋乗馬倶楽部

日本有数の施設と
芝馬場を持つ環境で
働きませんか!

つま恋乗馬倶楽部の厩舎では働いて下さる方を募集しています。募集して
いるのは、厩務員・グルーム・インストラクターなど直接、馬に関わるお仕
事です。担当する業務により能力給となりますのでご相談ください。未経験
でこれから技術を身に着けながら働きたいという方もご相談ください。

職種　競技馬の専用グルーム・インストラクター・厩務員

資格　18歳以上の男女経験者。要普通免許

待遇　社会保険、厚生年金、雇用保険、労災保険、休日は週1日、昇給年1回

給与　担当業務、経験能力を考慮の上決定。各種手当付き

応募　電話連絡後、写真付き履歴書を郵送のこと。書類選考後、面接

担当者：渡辺
tel：0537-23-5540　fax：0537-23-5110
〒436-0011 静岡県掛川市満水2000
URL：https://cal-japan.com

求人広告募集

広告に関するお問い合わせ・お申し込みは
下記担当者までお願い致します。

担当者：土井
tel：03-5918-8461
E-mail：doi@metpress.co.jp

UMA LIFE Collection
ウマ関連商品【新着情報】

〈KENTUCKY〉ビーガンシープスキン テンドンブーツエラスティック バンブーベルベット
〈KENTUCKY〉ビーガンシープスキン ヤングホースフェットロックブーツ ベルベット

ケンタッキーホースウェアから上品で繊細なベルベットのような質感の生地をプレス加工したプロテクター「Bamboo Velvet」シリーズが入荷した。軽量で衝撃吸収性に優れており、テンドンブーツにはバンブーシールド（竹材）を使用。

カラー：オールドローズ、レッド、ワイン、エメラルド、ダークグリーン
サイズ：テンドンブーツ＝M（26cm）、L（27cm）、フェットロックブーツ＝M（19cm、本体幅27cm ※ベルクロ部含まず）、L（19cm、本体幅29cm ※ベルクロ部含まず）
価格：テンドンブーツ＝39,600円、フェットロックブーツ＝22,000円

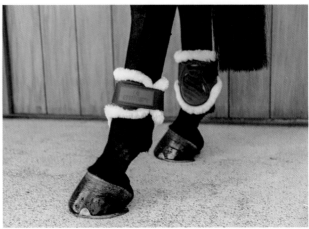

■日本馬事普及
TEL：03-5451-7311　URL：www.horsy.co.jp

ARIAT　PALISADEチャップス

世界最大の乗馬ブランド・アメリカのアリアットの柔らかなカーフレザーとインナーにオイルドレザーを組み合わせた足になじみやすいチャップス。後ろファスナーの横には伸縮素材が使用されており、より足にフィットしてラインをきれいに見せてくれる。

カラー：黒
サイズ：XXS、XS、XSM、SS、S、SM、ST、M、MT、LS、L、XL
価格：29,700円

■ライトスポーツルウム
TEL：06-6533-0777　URL：www.ruhm.co.jp

EQUILINE ゲガフレディス フルグリップ

エクイラインの新作、オールシーズン対応、UPF50+の紫外線カット、伸縮性、通気性に優れたB-MOVE生地使用のキュロット。シルバーのスタッズロゴ、前のベルトループにチェーンボールの装飾付き。素材はナイロン72％、伸縮素材28％使用。

カラー：ムーンスケープ
サイズ：34、36、38
価格：52,800円

■エクイマーケット
TEL：042-728-6861　URL：www.equimarket.co.jp

　※価格は特別な記載のない限り、すべて税込みです

馬柄ニット（HE）

柔らかくて滑らかな手触りの馬柄クルーネックセーター。インターシャ編みで表現した馬がPOPなデザインで、このまま着るのはもちろん、ジャケットやブルゾンのインナーに着て、さり気ないアクセントとして着用するのもおススメ。

カラー：ベージュ、カーキ、チャコール
サイズ：フリーサイズ
価格：12,980円

■カバロ本店・池袋店
TEL：03-3590-2777（カバロ池袋）
Instagram：https://www.instagram.com/cavallotokyo_ikebukuro/

カッサ シリコンフルシートキュロット

馬術選手の日々の活動に耐えるように設計されており、エレガントでありながらカジュアルな外観に加え、快適さも提供。4ウェイストレッチ素材を使用し、自由自在なパフォーマンスを可能にする柔軟性を備えている。フロントポケットは2つあり、実用的なデザイン。ウェストは標準的な高さで、美しいフィット感を実現。

カラー：グレー
サイズ：24、26インチ
価格：14,300円

■アダージョ
URL：www.adagio-inc.com

【MIZUNO】ブレスサーモパンツ

撥水性とブレスサーモ機能のあるウォーマーパンツが今年もラインナップ。シンプルなデザインでコーディネートもしやすいアイテムだ。吸湿発熱効果のあるブレスサーモ仕様。ロゴマークがアクセントになっており、オーバーパンツとしても使える。

サイズ：レディース＝S、M、L、
　　　　メンズ＝S、M、L
カラー：ブラック
価格：15,400円

■HORSE LOVER kc.
TEL：06-6773-9840
URL：www.horselover-kc.com

脚リング

オリジナルホースジュエリーの工房アトリエノアから、人気商品の「脚リング」にシルバーバージョンが登場。フリーサイズタイプのリングだが、希望のサイズを聞いてから制作。（画像はMサイズの#10〜#14対応）詳しくはホームページを。

素材：950シルバー
サイズ：S、M、L（#6〜#21）
価格：5,500円

■アトリエノア
TEL：03-3426-5502　URL：www.atelier-noah.com

UMA LIFE Information

カバロでニューイヤーフェアを開催

乗馬用品店CAVALLO（本店、池袋店）では、2024年1月3日〜15日（9日は定休日）にニューイヤーフェアを開催する。期間中には各店舗オリジナルの福袋やシーズンオフ商品などのお買い得品の販売、初売りプレゼントも用意されている。福袋やプレゼント、年末年始休暇などの詳細は、ホームページまたは各店舗SNSでご確認を。

■カバロ東京本店
東京都世田谷区上用賀2-4-18
TEL：03-3425-8844
営業時間：11:00〜19:00（火曜定休）

■カバロ池袋店
東京都豊島区西池袋2-39-7
TEL：03-3590-2777
営業時間：11:00〜19:00（火曜定休）
URL：www.cavallo-net.co

東京国立近代美術館で展覧会「中平卓馬　火―氾濫」開催

東京国立近代美術館では展覧会「中平卓馬　火―氾濫」を2024年2月6日㈫〜4月7日㈰に開催する。戦後の日本を代表する写真家の一人である中平卓馬の没後初めてとなる本格的な回顧展で、中平は日本の戦後写真における転換期となった1960年代末から70年代半ばにかけ実作と理論の両面において大きな足跡を記した写真家だ。その存在は森山大道や篠山紀信など同時代の写真家を大いに刺激し、ホンマタカシら後続の世代にも多大な影響を与えた。1960年代末『PROVOKE』誌などに発表した「アレ・ブレ・ボケ」の強烈なイメージ、1973年の評論集『なぜ、植物図鑑か』での自己批判と方向転換の宣言、1977年の昏倒・記憶喪失とそこからの再起など、中平のキャリアは劇的なエピソードによって彩られている。本展では、あらためて中平の仕事をていねいにたどり、その展開を再検証するとともに、特に1975年頃から試みられ1977年に病で中断を余儀なくされることとなった模索の時期の仕事に焦点を当て、再起後の仕事の位置づけについてもあらためて検討する。初期から晩年まで約400点の作品・資料から、中平の写真をめぐる思考と実践の軌跡をたどる待望の展覧会である。

［概要］
開催期間：2024年2月6日㈫〜4月7日㈰
会場：東京国立近代美術館 1F企画展ギャラリー
開館時間：10:00〜17:00（金・土曜は20:00まで）※入館は閉館の30分前まで
休館日：月曜（ただし2月12日、3月25日は開館）、2月13日㈫
観覧料：一般1,500円、大学生1,000円
　※高校生以下および18歳未満、障害者手帳をお持ちの方とその付添者（1名）は無料。
最新情報は美術館公式サイト等でご確認を。

■東京国立近代美術館
東京都千代田区北の丸公園3-1
TEL：050-5541-8600（ハローダイヤル）
美術館公式サイト：https://www.momat.go.jp/

中平卓馬《「サーキュレーション―日付、場所、行為」より》1971年、ゼラチン・シルバー・プリント、各32.0×48.0cm 東京国立近代美術館 ©Gen Nakahira

東京国立博物館で特別展「本阿弥光悦の大宇宙」を開催

東京上野にある東京国立博物館（平成館）では、2024年1月16日㈫〜3月10日㈰の期間、特別展「本阿弥光悦の大宇宙」を開催する。本阿弥光悦（1558〜1637）は戦乱の時代に生きて、さまざまな造形にかかわり、革新的で傑出した品々を生み出した人物だ。それらは後代の日本文化に大きな影響を与えている。しかし光悦の世界は大宇宙（マクロコスモス）のごとく深淵で、その全体像をたどることは簡単ではない。この展覧会では、光悦自身の手による書や作陶にあらわれた内面世界と、同じ信仰のもとに参集した工匠たちがかかわった蒔絵など同時代の社会状況に応答した造形とを結び付ける糸として、光悦とその一族が篤く信仰した当代の法華町衆の社会についても注目。造形の世界の最新研究と信仰のあり様とを照らしあわせることで、総合的に光悦を見通そうとするものだ。

［開催概要］
会期：2024年1月16日㈫〜3月10日㈰
　※会期中、一部作品の展示替えあり。
開館時間：9:30〜17:00 ※入館は閉館の30分前まで
休館日：月曜、2月13日㈫ ※ただし、2月12日㈪㈷は開館
観覧料：一般2,100円、大学生1,300円、高校生900円

■東京国立博物館（平成館）
東京都台東区上野公園13-9
展覧会公式サイト：https://koetsu2024.jp/

重要文化財 黒楽茶碗 銘 時雨 本阿弥光悦作 江戸時代・17世紀 愛知・名古屋市博物館蔵

　※価格は特別な記載のない限り、すべて税込みです

FILA のワークコレクションよりブーツが新登場

100年以上の歴史をもつスポーツライフスタイルブランドのFILAから、ブーツコレクションが登場。1990年代のアメリカンカルチャーを背景にもつウェザーテックとウォータースエッジの2モデル。日本でFILAは、テニスシューズやバスケットボールシューズがアイコンとして知られているが、アメリカではこれらのブーツもアイコンの一つとして位置づけられている。耐候性や耐水性など耐久性に優れ、過酷なストリートの環境でも活躍するFILAのブーツは、そのタフなルックスも魅力の一つであり、90年代当時のアメリカンカルチャーを象徴するラッパーたちからも熱烈な支持を受けた。このコレクションは90年代のアイコンを称え、時代を超えて再び蘇らせた特別なブーツコレクションとなっている。FILAショップ、FILA公式オンラインショップ、FILA取り扱い各店にて発売される。

■フィラカスタマーセンター
TEL：0120-00-8959
公式サイト：https://www.fila.jp/
Instagram：@fila_japan_official

ウェザーテック
カラー：WHEAT/BLACK/BLACK、BLACK
サイズ：22〜28cm ※0.5cm刻み、29cm（ユニセックス）
価格：11,000円

ウォータースエッジWP
カラー：WHEAT/BLACK/GUM、BLACK
サイズ：25〜28cm ※0.5cm刻み、29cm（ユニセックス）
価格：13,200円

オリビア・バートンから新作ウォッチとアップルストラップが発売

イギリス・ロンドン発のファッションウォッチブランドのオリビア・バートンから新作腕時計「ドッグウッド」「ヘキサ マルチファンクション」とアップルストラップが発売になった。「ドッグウッド」は、イギリスの田園風景からインスパイアを得てデザインされ、繊細なフラワープリントダイアルをセット。ダイアル中央には、美しいハナミズキ（ドッグウッド）の花を立体的に表現したモチーフを配し、愛らしいドットインデックスがデザインに魅力を加えている。バリエーションは計6種類をラインナップ。一方「ヘキサ マルチファンクション」は贅沢なクリスタルベゼルを採用したマルチファンクションモデルで、ベゼルにクリスタルを敷き詰め、スポーティーでありながらラグジュアリーな雰囲気を演出している。バンドはウォッチケースから継ぎ目のないシームレスデザインのステンレスブレスレットを採用。バリエーションは計4種類をラインナップする。また「アップルストラップ」は、花柄を型押ししたメッシュストラップ3種と、総柄のフラワープリントが施されたシリコンラバーストラップ3種の計6種類をリリース。価格は時計が24,200円〜38,500円、アップルストラップが13,200円〜19,800円。全国のオリビア・バートン取扱店舗と日本公式オンラインサイトで販売される。

■エイチエムエスウオッチストア ルミネエスト新宿店
東京都新宿区新宿 3-38-1 ルミネエスト新宿 B2F
TEL：03-6380-1454
日本公式オンラインストア：https://www.oliviaburton.jp/

話題の感動作「燈火（ネオン）は消えず」が公開に

香港の夜景の象徴だったネオンが消えゆく今、それでも「その灯を消さない」と奮闘する人たちの思いを描いた香港映画「燈火（ネオン）は消えず」が公開される。「100万ドルの夜景」と比喩される香港の夜景を彩っていたネオンは、2010年の建築法等改正以来、2020年まで約9割がその姿を消した。それでも香港には今も「その灯を消さない」と奮闘するネオン職人たちがいる。本作は、そんな香港に捧げたラヴレターのような作品で、第96回米アカデミー賞国際長編映画賞の対象となる香港代表作品にも選出された。古き良き時代のガラス管のネオン職人である夫のビルを亡くした妻メイヒョンは、かつてSARSが香港に蔓延した時期、夫にネオンの仕事を廃業させたことを後悔していた。ある日メイヒョンは、「ビルのネオン工房」と書かれた鍵を見つける。10年前に廃業したはずの工房へ行ってみると、そこには見知らぬ青年レオがおり、夫の弟子だという。ビルの死を伝え、工房を閉めると告げるメイヒョンにレオは、師匠にはやり残したネオンがあり、それを完成させるまでやろうと説得する。メイヒョンは、夫がやり残したネオンを探しだし、完成させることを決意しネオンづくりの修行を始める。そんな折、ひとり娘から、香港を離れて海外へ移住すると打ち明けられる。果たして夫の最後のネオンは完成するのだろうか……。2024年1月12日㈮よりBunkamura ル・シネマ 渋谷宮下ほか全国で順次公開。

■「燈火（ネオン）は消えず」
公式サイト：https://moviola.jp/neonwakiezu

カルバンクラインウォッチから新作腕時計が登場

カルバンクラインウォッチから、新作腕時計が発売になった。30種類近くのラインナップのなかでも特に注目されるのは、カルバンクラインウォッチの代表的なコレクションである「アイコニック」から登場する3つのペアウォッチ。カルバンクラインの頭文字「CK」をダイアル全面に立体的にデザインしたモデルや、「C」の文字をダイアル外周に沿わせて表現したモデル、「CK」の"K"の1画目を中央線として左右異なるカラーと仕上げでアクセントを加えたモデルなど、全6種の3ペアがリリース。メンズモデルはケースの径が40mmで、ブラックやシルバーをベースにしたシックでスポーティーなデザイン。一方のレディースモデルは、カーネーションゴールドカラーをベースにホワイトやバーガンディを用いて女性らしさを表現している。すべてが3気圧防水。全国のカルバンクラインウォッチ取扱店（全国のチックタックなど）にて販売。

■TORQUE 新宿ルミネエスト店
東京都新宿区新宿 3-38-1 ルミネエスト新宿 5F
TEL：03-3350-3667

価格：33,000円〜39,600円

読者プレゼント

1名様

❶〈KENTUCKY〉ジュート バッグ

日本馬事普及から、ケンタッキーのジュートバッグを。マチが広くジュート素材で丈夫なので、馬具やお手入れ用品の持ち運びにもおススメ。Sサイズを。

カラー：	ワンカラー
サイズ：	W28 × H28 × D18cm、持ち手18cm
価格：	1,980円

提供▶日本馬事普及
TEL：03-5451-7311　URL：www.horsy.co.jp

1名様

❷ オフィシナリス ドルチェ 馬のクッキー

エクイマーケットから、馬のクッキーを。自家農園で栽培された無農薬ハーブを主原料に、フルーツやシリアルを混ぜ込んでつくられたペレットタイプのヘルシーな馬のおやつ。お試しサイズの非売品をプレゼント。

サイズ：	約2 × 2cm、長さ3cm
価格：	非売品 ※通常の商品は700g 1,980円

提供▶エクイマーケット
TEL：042-728-6861
URL：www.equimarket.co.jp

❸ リボンブローチ

カバロ東京池袋店から、リボンブローチを。ブルーリボンは一般的には最高の栄誉の印として授けられる青色のリボンで、馬術では1等賞をとった時に授与される名誉の印。

カラー：	青
サイズ：	15cm
価格：	1,320円

1名様

提供▶カバロ東京池袋店
TEL：03-3590-2777
Instagram：instagram.com/cavallotokyo_ikebukuro/

1名様

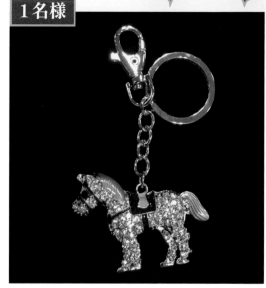

❹ EKKIA　ROSAキーホルダー

ライトスポーツ・ルウムから、エキアROSAキーホルダーを。はめ込まれたストーンが光を反射しキラキラと輝く。ピンクのたてがみと尻尾が可愛らしくちょっとしたプレゼントにもおススメだ。
（商品番号 901505013）

サイズ：	全長＝11cm、馬チャーム部分＝W6 × H4.5cm
価格：	990円

提供▶ライトスポーツ・ルウム
TEL：06-6533-0777
URL：www.ruhm.co.jp

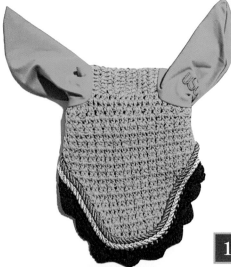

1名様

❺ エラスティックイヤーネット

乗馬用品のアダージョから、イヤーネットを。USG製コットンのイヤーネット。耳部分はエラスティックになっているので、耳によくフィットする。1名様に。

カラー：	ミント、チャコールグレー
サイズ：	コブ、ポニーサイズ
価格：	2,310円

提供▶アダージョ
URL：www.adagio-inc.com

Store List

『馬ライフ』は、下記乗馬クラブ・乗馬用品店で取り扱っております。
また、『馬ライフ』の取扱い店を募集しております。詳しくは弊社までお問い合わせください。
※店頭に在庫がない場合がございますので、事前にご確認ください。

『馬ライフ』取扱い店に関するお問い合わせ。
㈱メトロポリタンプレス　TEL：03-5918-8461　FAX：03-5918-8463

◆北海道
■ にいかっぷホロシリ乗馬クラブ ……… 0146 47 3351
■ フロンティア乗馬クラブ ……… 0133 66 3858
■ ほくせい乗馬クラブ ……… 011 596 2407
◆青森県
■ 十和田乗馬倶楽部 ……… 0176 26 2945
◆秋田県
■ 乗馬クラブ エクセラ ……… 0187 68 3010
◆宮城県
■ 乗馬クラブ クレイン仙台泉パークタウン … 022 342 6342
■ ホワイトストーンR.C. ……… 0224 33 3197
■ 利府森郷乗馬クラブ ……… 022 356 6488
◆福島県
■ ヘレナ国際乗馬倶楽部 ……… 0246 77 1161
◆栃木県
■ 上三川ホースパーク ……… 0285 56 3214
■ CLOVER栃木乗馬クラブ ……… 0282 29 5555
■ 乗馬クラブ クレイン栃木 ……… 0280 54 5588
■ 那須トレーニングファーム ……… 0287 62 5188
■ 矢板ホースリンクス ……… 0287 43 5912
◆茨城県
■ エルミオーレ茨城 ……… 029 892 7727
■ ジャパンギャロップスインポーター … 029 885 8619
■ 乗馬クラブ クレイン茨城 ……… 029 861 8867
■ 乗馬クラブ クレイン竜ヶ崎 ……… 0297 62 9998
■ ホースパークギャラクシー ……… 029 829 3010
■ ヨシザワライディングファーム ……… 029 892 7321
■ ライディングクラブ ウインズ ……… 0292 44 6600
◆群馬県
■ 赤城乗馬クラブ ……… 0279 54 0481
■ U-maジャポン ……… 027 386 8845
■ TRC乗馬クラブ高崎 ……… 0273 52 5250
◆埼玉県
■ アップリケ牧場 ……… 04 2948 2663
■ ウイルスタッド ……… 0493 25 2688
■ SRC狭山乗馬センター ……… 0429 54 4966
■ エルミオーレ埼玉 ……… 049 277 2171
■ 川口馬事会 ……… 048 295 2980
■ 駿ホースクラブ ……… 0495 22 9050
■ 乗馬クラブ クレイン伊奈 ……… 048 723 1700
■ 東武乗馬クラブ＆クレイン ……… 0480 92 4611
■ 日本乗馬倶楽部 ……… 0492 58 2057
◆東京都
■ カバロ東京 ……… 03 3425 8844
■ カバロ東京池袋店 ……… 03 3590 2777
■ 乗馬倶楽部銀座 ……… 03 6264 4128
■ 乗馬クラブ クレイン東京 ……… 042 737 5600
■ 乗馬サロン ピアッフェ ……… 03 3274 1638
■ 乗馬サロン ピアッフェ新宿 ……… 03 5325 2579
■ 日本馬事普及ショールーム ……… 03 5451 7311
■ 八王子乗馬倶楽部 ……… 042 691 1915
◆千葉県
■ エバーグリーンホースガーデン ……… 0475 35 5560
■ 乗馬クラブ クレイン千葉 ……… 043 228 5531
■ 乗馬クラブ クレイン千葉 富里 ……… 0439 66 2100
■ 乗馬クラブ クレイン千葉富里 ……… 0476 90 1177
■ 乗馬用品プラス ……… 047 769 9015
■ ステーブルクリアラウンド ……… 0476 77 8394
■ ちばシティ乗馬クラブ ……… 043 252 0288
■ 殿山ガーデン乗馬クラブ ……… 043 252 0718
■ 富里ホースパーク ……… 0120 542 064
■ 成田乗馬倶楽部 ……… 0476 93 4290
■ Flippan Riding Shop ……… 070 4026 1639
■ ボナンザ乗馬クラブ ……… 0476 91 2788
■ 四街道グリーンヒルファーム ……… 043 421 3161
◆神奈川県
■ アスール乗馬クラブ ……… 042 766 5561
■ アバロンヒルサイドファーム ……… 045 921 7081
■ 乗馬クラブ クレイン神奈川 ……… 0463 87 6610
■ 藤沢乗馬クラブ ……… 0466 81 1381
◆新潟県
■ 三条乗馬クラブ ……… 0256 33 1117
■ 日本海乗馬クラブ ……… 0258 41 6827
◆山梨県
■ ハフリンガー MAX ……… 0551 47 4731

◆静岡県
■ ヴィルタスライディングクラブ ……… 0550 70 6522
■ 奥山高原乗馬クラブ ……… 053 543 0860
■ HAS浜松乗馬クラブ ……… 053 436 7979
■ 平沢ライディングガーデン ……… 054 262 5470
■ ファナウステーブル ……… 0550 78 7745
◆岐阜県
■ 可児乗馬クラブ ……… 0574 61 3048
■ 乗馬クラブ クレイン恵那 ……… 0573 43 4004
◆愛知県
■ 愛知牧場乗馬クラブ ……… 0561 73 0649
■ ARC空港乗馬クラブ ……… 0568 28 0954
■ エルミオーレ豊田 ……… 0565 41 2334
■ 乗馬倶楽部エクウス一宮 ……… 0586 77 3366
■ ピッコロファーム ……… 070 1627 7419
■ リバーサイドファーム ジョイ ……… 0567 52 0958
◆三重県
■ 海の乗馬倶楽部エルカバージョ ……… 059 244 2525
■ 乗馬クラブ クレイン三重 ……… 05955 2 1322
■ 乗馬クラブ クレイン東海 ……… 05944 5 0850
■ 湯の山乗馬クラブ ……… 0593 94 3370
◆石川県
■ 金沢乗馬倶楽部 ……… 076 258 5740
■ ストローク乗馬クラブはなむけ ……… 0768 86 2225
◆福井県
■ ほんごう馬の里 ……… 0776 83 0405
◆滋賀県
■ M&S乗馬クラブ ……… 0748 25 5940
■ 水口乗馬クラブ ……… 0748 62 9568
◆京都府
■ ホーキーホース ……… 0773 58 2521
◆奈良県
■ 乗馬クラブ クレイン奈良 ……… 0745 63 0857
◆和歌山県
■ ライディングクラブグリーンオアシス … 073 452 6691
◆大阪府
■ イデア馬事苑 ……… 072 894 8516
■ 乗馬クラブ クレイン大阪 ……… 0723 62 3450
■ 乗馬クラブ クレイン学研枚方 ……… 072 897 5711
■ 乗馬クラブ クレイン北大阪 ……… 072 732 2750
■ JODHPURS（ジョッパーズ） ……… 0120 969 232
■ 鶴見緑地乗馬苑 ……… 06 6915 0034
■ 服部緑地乗馬センター ……… 06 6863 0616
■ ライトスポーツルウムショールーム … 06 6533 0777
◆兵庫県
■ 神戸乗馬倶楽部 ……… 078 743 1147
■ トレマル ……… 0794 86 1189
■ 中江物産 ……… 078 231 6789
■ 西宮甲山乗馬クラブ ……… 0798 72 8111
■ ニッケ乗馬クラブ クレイン加古川 … 0794 31 9000
■ ホースランド三木 ……… 0794 83 8110
◆島根県
■ かなぎウェスタンライディングパーク … 0855 42 2222
◆岡山県
■ 岡山乗馬倶楽部 ……… 0867 34 9911
■ 乗馬クラブ クレイン倉敷 ……… 0864 55 0022
■ 両備乗馬クラブ クレイン岡山 ……… 0862 97 6622
◆広島県
■ MRC乗馬クラブ広島 ……… 0829 72 0233
■ 苅谷乗馬クラブ ……… 08473 4 1089
■ 乗馬クラブ クレイン東広島 ……… 082 420 3970
■ 瀬野川乗馬クラブ ……… 082 894 8248
◆山口県
■ 岩国乗馬クラブ ……… 0827 46 1451
■ 乗馬クラブ クレイン多々良 ……… 0835 32 2770
◆香川県
■ スタリオンステーブル ……… 087 878 3397
◆愛媛県
■ MRC乗馬クラブ松山 ……… 0899 56 0990
■ ライディングクラブ フォーレスト ……… 090 2782 7604
◆福岡県
■ 加月乗馬クラブ ……… 0942 65 2280
■ カナディアンキャンプ乗馬クラブ ……… 0940 62 1912
■ 乗馬クラブ クレイン福岡 ……… 092 603 6255
■ 中本乗馬倶楽部 ……… 0940 43 5771

■ ルヴァードライディングクラブ ……… 092 566 8228
◆大分県
■ 乗馬クラブ クレイン湯布院 ……… 0977 85 3400
◆熊本県
■ エルパティオ牧場 ……… 0967 22 3861
◆鹿児島県
■ 上村乗馬苑 ……… 099 262 5999

主な『馬ライフ』取扱い書店

◆北海道
札幌市　紀伊國屋書店 札幌本店 ……… 011 231 2131
◆岩手県
盛岡市　エムズ エクスポ盛岡店 ……… 019 648 7100
◆宮城県
仙台市　丸善書店 アエル店 ……… 022 264 0151
◆福島県
南相馬市　おおうち書店 ……… 0244 22 4403
◆埼玉県
さいたま市　ジュンク堂書店 大宮高島屋店 …… 048 640 3111
◆東京都
台東区　明正堂書店 アトレ上野店 ……… 03 5826 5866
豊島区　ジュンク堂書店 池袋本店 ……… 03 5956 6111
豊島区　BOOK EXPRESS アトレヴィ巣鴨店 … 03 5961 6535
新宿区　紀伊國屋書店 新宿本店 ……… 03 3354 0131
渋谷区　MARUZEN＆ジュンク堂書店 渋谷店 … 03 5456 2111
中野区　ブックファースト 中野店 ……… 03 3319 5161
千代田区　三省堂書店 神保町本店 ……… 03 3233 3312
千代田区　書泉グランデ ……… 03 3295 0011
千代田区　書泉ブックタワー ……… 03 5296 0051
世田谷区　蔦屋書店 馬事公苑店 ……… 03 5450 3232
武蔵野市　ジュンク堂書店 吉祥寺店 ……… 0422 28 5333
武蔵野市　ブックファースト アトレ吉祥寺 … 0422 23 7671
多摩市　丸善書店 多摩センター店 ……… 042 355 3220
八王子市　くまざわ書店 八王子店 ……… 042 625 1201
◆千葉県
千葉市　蔦屋書店 イオンモール幕張新都心 … 043 306 7361
習志野市　丸善書店 津田沼店 ……… 047 470 8311
◆神奈川県
川崎市　丸善書店 ラゾーナ川崎店 ……… 044 520 1869
横浜市　天一書房 日吉店 ……… 045 565 0211
相模原市　ACADEMIAくまざわ書店 橋本店 … 042 700 7020
藤沢市　ジュンク堂書店 藤沢店 ……… 0466 52 1211
藤沢市　有隣堂書店 辻堂店 ……… 0466 38 2121
海老名市　三省堂書店 海老名店 ……… 046 234 7161
海老名市　有隣堂書店 海老名店 ……… 046 206 6651
伊勢原市　ブックス望星 ……… 0463 94 8331
◆静岡県
浜松市　谷島屋書店 浜松本店 ……… 053 457 4165
◆愛知県
名古屋市　MARUZEN 名古屋本店 ……… 052 238 0320
名古屋市　ジュンク堂書店 ロフト名古屋店 … 052 249 5592
◆滋賀県
大津市　大垣書店 大津一里山店 ……… 077 547 1020
栗東市　田中誠文堂 ……… 077 553 2345
◆大阪府
大阪市　ジュンク堂書店 大阪本店 ……… 06 4799 1090
大阪市　ジュンク堂書店 難波店 ……… 06 4396 4771
大阪市　紀伊國屋書店 梅田本店 ……… 06 6372 5821
大阪市　紀伊國屋書店 京橋店 ……… 06 4801 9255
堺　市　紀伊國屋書店 泉北店 ……… 072 292 1631
◆兵庫県
神戸市　喜久屋書店 北神戸店 ……… 078 983 3755
姫路市　喜久屋書店 姫路店 ……… 079 295 1016
◆福岡県
福岡市　紀伊國屋書店 ゆめタウン博多店 … 092 643 6721
◆佐賀県
佐賀市　紀伊國屋書店 佐賀店 ……… 0952 36 8171
◆鹿児島県
鹿児島市　ミスミオプシア ……… 099 813 7012

ネット書店富士山マガジンサービスでも購入できます

編集後記

巻頭は中国杭州市で開催されたアジア競技大会馬術競技の特別レポートです。アジアの17の国と地域から集まった人馬がメダルを争い、チームジャパンも大健闘しました。

国内の競技会レポートは「燃ゆる感動かごしま国体」。地元の鹿児島県勢の活躍や本誌でおなじみのライダーたちの活躍をお楽しみください。

2023年、読者の皆さま、さまざまな形で『馬ライフ』の制作にご協力いただいた皆さま、広告掲載でご協力をいただいたクライアントの皆さまに心から感謝申し上げます。
何かとあわただしい年末年始を迎えます。厳しい寒暖差によって体調を崩しませんよう、皆さま、どうかご自愛のうえ、素晴らしい新年をお迎えください。

『馬ライフ』編集長　加茂田雅俊

スタッフのいななき

◉コロナ禍明け同期会での宴席で、二人の息子が結婚し、そのお嫁さんがベトナム人とスペイン人だと近況報告する友人がいた。仲間からは祝福の嵐！ グローバル化の時代に私も世界の情勢や文化に目を向けなければ（加茂田）　◉来年も良い馬の絵の取材ができますように（斉藤）　◉子どもたちの扶助では上手に駈歩が出ない馬がいて、その馬で子どもたちの練習を見なくてはならないのが悩みです。解決策なんだろう（柴田）　◉2023年を表す漢字が「税」になったそうですが、私腹を肥やす政治家はどう思っているのでしょうか？（土井）　◉1ばかり続いた日のお話。自分の地方と中央の応援馬は出走のお知らせが届くのですが、11月1日の出走馬の枠がなんと4連続で1番だったんですよね！ そのうち2頭が1着でした。そんなことってある？^o^（矢田）

Next Issue

次号予告

2024年第2号

※次号は2024年1月25日㈭発売予定です。
※地域により発売日が異なる場合があります。

特集

2024年 今こそ海外！

カナダ乗馬／ヒマラヤ乗馬／イギリス乗馬／ほか

レポート

全日本総合馬術大会 2023
全日本馬場馬術大会 2023 Part I
全日本障害馬術大会 2023 Part I

ほか

UMA LIFE 馬ライフ 2024 1

馬ライフ2024年第1号
2023年12月25日発行・発売
禁無断転載・複製
©Metropolitan Press Co.,Ltd. 2023

発行・発売＝㈱メトロポリタンプレス
発行人・編集人＝深澤徹也
印刷＝株式会社 ティーケー出版印刷

Title = A Pony
in Christmas
Used Adobe Firefly
by Metropolitan Press Design room

『馬ライフ』へのご意見・ご感想、お問い合わせなどは下記までお願いいたします。
㈱メトロポリタンプレス　〒174-0042 東京都板橋区東坂下2-4-15 TKビル1階
[TEL]03-5918-8461　[FAX]03-5918-8463
▶編集・広告営業などに関するお問い合わせ専用メール　umalife@metpress.co.jp
▶定期購読・バックナンバーのお問い合わせ専用メール　sales@metpress.co.jp

Staff List
編集長　　加茂田雅俊
編集顧問　田中雅文
編　集　　斉藤いづみ、柴田真規子、土井 健、矢田秀一
デザイナー　斉藤いづみ、町田 顕、矢田秀一
営業統括　加茂田雅俊
広　告　　土井 健